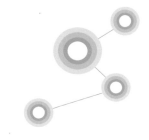

MOBILE/IMMOBILE

MOBILE IMMOBILE

Quels choix, quels droits pour 2030

under the direction of Christophe Gay, Vincent Kaufmann, Sylvie Landrière, Stéphanie Vincent-Geslin

This Korean edition was published by arrangement with
FORUM VIES MOBILES, (La Plaine Saint-Denis)
through Bestun Korea Agency Co., Seoul

이 저서는 2018년 대한민국 교육부와 한국연구재단의 지원을 받아 수행된 연구임 (NRF–
2018S1A6A3A03043497)

2030년을 위한 우리의 선택과 권리

모바일/
임모바일

02

크리스토프 게이 · 뱅상 카우프만 · 실비 랑드리에브

스테파니 뱅상 지랑 지음 | 김나현 옮김

앨피

모빌리티인문학은 기차, 자동차, 비행기, 인터넷, 모바일 기기 등 모빌리티 테크놀로지의 발전에 따른 인간, 사물, 관계의 실재적·가상적 이동을 인간과 테크놀로지의 공-진화co-evolution라는 관점에서 사유하고, 모빌리티가 고도화됨에 따라 발생하는 현재와 미래의 문제들에 대한 해법을 인문학적 관점에서 제안함으로써 생명, 사유, 문화가 생동하는 인문-모빌리티 사회 형성에 기여하는 학문이다.

모빌리티는 기차, 자동차, 비행기, 인터넷, 모바일 기기 같은 모빌리티 테크놀로지에 기초한 사람, 사물, 정보의 이동과 이를 가능하게 하는 테크놀로지를 의미한다. 그리고 이에 수반하는 것으로서 공간(도시) 구성과 인구 배치의 변화, 노동과 자본의 변형, 권력 또는 통치성의 변용 등을 통칭하는 사회적 관계의 이동까지도 포함한다.

오늘날 모빌리티 테크놀로지는 인간, 사물, 관계의 이동에 시간적·공간적 제약을 거의 남겨두지 않을 정도로 발전해 왔다. 개별 국가와 지역을 연결하는 항공로와 무선 통신망의 구축은 사람, 물류, 데이터의 무제약적 이동 가능성을 증명하는 물질적 지표들이다. 특히 전 세계에 무료 인터넷을 보급하겠다는 구글Google의 프로젝트 룬Project Loon이 현실화되고 우주 유영과 화성 식민지 건설이 본격화될 경우 모빌리티는 지구라는 행성의 경계까지도 초월하게 될 것이다. 이 점에서 오늘날은 모빌리티 테크놀로지가 인간의 삶을 위한 단순한 조건이나 수단이 아닌 인간의 또 다른 본성이 된 시대, 즉 고-모빌리티high-mobilities 시대라고 말할 수 있다. 말하자면, 인간과 테크놀로지의 상호보완적·상호구성적 공-진화가 고도화된 시대인 것이다.

고-모빌리티 시대를 사유하기 위해서는 우선 과거 '영토'와 '정주' 중심 사유의 극복이 필요하다. 지난 시기 글로컬화, 탈중심화, 혼종화, 탈영토화, 액체화에 대한 주장은 글로벌과 로컬, 중심과 주변, 동질성과 이질성, 질서와 혼돈 같은 이분법에 기초한 영토주의 또는 정주주의 패러다임을 극복하려는 중요한 시도였다. 하지만 그 역시 모빌리티 테크놀로지의 의의를 적극적으로 사유하지 못했다는 점에서, 그와 동시에 모빌리티 테크놀로지를 단순한 수단으로 간주했다는 점에서 고-모빌리티 시대를 사유하는 데 한계를 지니고 있었다. 말하자면, 글로컬화, 탈중심화, 혼종화, 탈영토화, 액체화를 추동하는 실재적·물질적 행위자agency로서의 모빌리티 테크놀로지를 인문학적 사유의 대상으로서 충분히 고려하지 못했던 것이다. 게다가 첨단 웨어러블 기기에 의한 인간의 능력 향상과 인간과 기계의 경계 소멸을 추구하는 포스트-휴먼 프로젝트, 또한 사물 인터넷과 사이버 물리 시스템 같은 첨단 모빌리티 테크놀로지에 기초한 스마트 도시 건설은 오늘날 모빌리티 테크놀로지를 인간과 사회, 심지어는 자연의 본질적 요소로 만들고 있다. 이를 사유하기 위해서는 인문학 패러다임의 근본적 전환이 필요하다.

이에 건국대학교 모빌리티인문학 연구원은 '모빌리티' 개념으로 '영토'와 '정주'를 대체하는 동시에, 인간과 모빌리티 테크놀로지의 공-진화라는 관점에서 미래 세계를 설계할 사유 패러다임을 정립하려고 한다.

크리스토프 게이*Christophe Gay*, 뱅상 카우프만*Vincent Kaufmann*, 실비 랑드리에
브*Sylvie Landrieve*, 스테파니 뱅상 지랑*Stéphanie Vincent-Geslin* * 모바일 라이브스
포럼 출판이사

서문
Preface

2권에서도 우리의 여정은 계속된다. 세계 여러 나라의 사회과학자들과 예술가들이 상세하고 창의적이며 비평적인 관점에서 모빌리티 권리에 대한 생각을 보여 줄 것이다.

첫 번째는 중국의 엔지니어 지안 저우Jian Zhuo의 글이다. 그는 중국 내 이주 현상과 지방의 도시화 현상, 그리고 이 두 가지를 뒷받침해 주고 있는 대규모 교통 인프라 발전에 대한 설명을 통해, 중국 사회가 겪고 있는 급격한 변화를 포착한다. 중대한 사회적·지리적 변화에 직면해 중국 행정당국은 힘겹게 적응기를 거치고 있는 듯 보이는데, 이러한 고군분투에도 불구하고 바람직하지 않은 결과들을 동시다발적으로 낳았다. 그리고 이는 다음의 두 가지 새로운 질문을 불러온다. 시장에 의한 규제를 꾀할 수밖에 없는가? 만약 그렇다면 어떻

게 해야 하는가?

    다음으로 세 명의 유럽인 필자들의 글이 이어진다. 이들은 각각의 방식으로 이동의 권리를 문제화하고 있다. 지리학자 자크 레비Jacques Lévy는 우리 세계를 각각 다른 규모의 모빌리티로 연결된 장소들의 군도群島라고 표현한다. 근본적으로 공적인 한 모빌리티는 민주사회를 구성하며, 그 속에서 살아가는 사람들의 발전 동력이다. 레비는 이 권리가 지역개발이라는 미명 하에 혹은 공적 공간들의 민영화에 의해 그 기반부터 흔들리고 있다며, 이에 맞서 보호해야 한다고 말한다. 모빌리티는 우리가 함께 살아가는 데 있어 중대한 역할을 하기 때문이다. 따라서 시민-거주자들이 자신의 모빌리티를 선택하는 것, 그리고 그럼으로써 자신이 살고 싶은 사회의 유형을 선택하는 것이 중요하다.

사회학자 장 비야르Jean Viard도 개인의 자유와 강력하게 연결된 모빌리티에 우호적 관점을 보여 준다. 그는 축적의 사회이며 가속의 사회인 현대사회에서 모빌리티는 핵심적 개념이 될 것이라고 말한다. 환경적이고 사회적이며 공간적인 관점에서 모빌리티의 핵심 역할은 몇 가지 분명한 문제를 야기했고, 따라서 미래의 정치적 해결책들은 우리의 개인적 자유에 의문을 던지게 될 가능성이 있다.

사회학자 피에르 라노이Pierre Lannoy와 다비드 자마르David Jamar의 글은 모빌리티 권리가 다음의 세 차원을 둘러싸고 조직된 사회적 가상에서 비롯된 것임을 상기시킨다. 첫째, 인간 존재에게 근본적으로 (그리고 자연적으로) 요청되는 인권의 수호, 둘째, (보편성을 보증하는 국가의 관여 하에서 이루어지는) 노동, 교육, 문화 등의 생산적 활동을 향한 접근의 원천, 마지막으로 스스로의 일과를 능동적으로 관리하는 이성적 개인의 특권이라는 차원 말이다. 이러한 사회적 이상의 이면에는 정치적이고 경제적인 논리로 제한되고, 규범적으로 '좋은' 모빌리티와 '나쁜' 모빌리티로 규제되는 모빌리티의 특성이 있다. 이는 결국 이동 수단 서비스 문제를 정치적 장의 문제로 전환시키고자 하는 투쟁들에 의해 의문시된다.

이어지는 마리아 엘레나 두치Maria-Elena Ducci의 글은 우리를 라틴 아메리카로 데려간다. 사람들이 다니는 방식과 차가 놓인 위치는 부를 드러내는 가장 명료한 외부적 신호이다. 두치의 글은 이런 방식으로 관찰되는 사회적 불평등이 있는 사회를 다룬다. 이동의 사회적 불평등과 관련하여 두치는 통제되지 않는 교통정책과 도시개발이 낳는 부정적 효과를 보여 준다. 여기에는 교통 흐름을 관리하는 것의 어려움, 교통수단 접근성과 관련된 사회적 불평등, 도심 공간의 심각한 사회-공간적인 분리 문제 등이 포함된다.

한편 사회학자 존 어리John Urry와 인류학자 미미 셸러Mimi Sheller의 작업은 공간과 에너지 자원의 제한 없는 사용에 반대하며, 2030년 모빌리티 권리의 핵심 주제로 화석연료 고갈 문제를 분명히 제기한다. 미래에 대한 확실한 목표를 갖고 있는 존 어리의 글은, 모빌리티와 임모빌리티不動性에 대한 우리의 예측에 점점 이 같은 차원을 포함할 수밖에 없을 거라고 단언한다. 어리는 에너지 자원의 고갈이 우리의 자유를, 특히 이동의 자유를 제한할 가능성이 있지 않은가를 묻는다.

미미 셸러의 글은 환경 정의의 개념을 강조하며 자원 고갈이라는 사회적 차원의 문제를 제기한다. 자동차 이동을 제한하는 명령은 차에 접근할 수 있는 사람과 그렇지 않은 사람 사이의 간격을 더 넓힐 가능성이 높다. 이 간격은 도심과 교외 사이의 사회-공간적 분리에 의해 강화된다. 그런데도 모빌리티가 다가올 사회문제의 핵심이 아닐 수 있겠는가?

다소 무겁지만 이미 임박한 이 문제에 대해서, 도시 기획 엔지니어이자 정치학자인 장 마르크 오프너Jean-Marc Offner의 글은 비극적이지 않은 가상의 세계를 제안한다. 그는 모빌리티 권리 행사가 보존된 미래적이고 꿈 같은 세계를 묘사한다. 한편으로는 권리 행사에 부과된 제한 덕분에, 또 한편으로는 완벽한 통신기술로 거리 제약 없이 개인들을 한데 모을 수 있게 된 덕분에 그릴 수 있는 세계다. 그러면서 오프너는 미래의 모빌리티에 대해 근본적인 질문을 던진다. 물리적 이동을 대체하는 정보통신기술이 과연 다가올 에너지 고갈 문제에 대한 잠재적 해답일까?

이런 문제들을 완전히 다른 관점에서 보아야 한다면 어떨까? 이것

이 책의 마지막 필자인 역사학자 헤이스 몸Gijs Mom이 제기하는 문제
다. 그는 지금까지의 연구와 그 결과들에 대해 질문하고 미래를 위한
연구 프로그램을 제시하면서, 모빌리티 연구에 통시적 관점을 제공
한다. 그는 무엇보다 우리의 초점을 이동시켜야 할 필요가 있다고 주
장한다. 교통수단, 자동차라는 대상, 무엇보다 지역적이고 국가적인
관점에 얽매인 기술적 쟁점에서 벗어나야 한다고 말이다.

차례

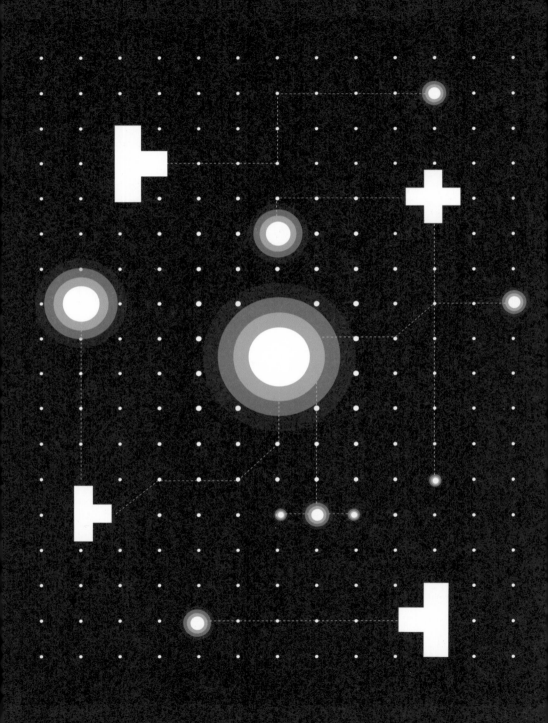

지안 저우*Jian Zhuo* *

중국의 모빌리티 권리: 인프라 개발 대 정치적 후퇴

The Right to
Mobility in China:
Infrastructural
Development
versus
Political Decline
Hindsight

* 퉁지대학교 건축·도시계획학부 부교수, 상하이, 중국

오랫동안 중국에서는 거주지에 기반한 행정제도인 **호구**ᶠᵘ로 개인의 모빌리티를 강력히 분류했다. 중국의 각 가정은 가족 구성원의 기본 정보(생일, 성별, 인종, 공식적 주거지 등)가 담긴 호구로 표시된다. 도시 호구와 지방 호구로 나뉘어져 있는 호구제는 그 사람의 거주지(도시인지 아닌지)를 구별해 줄 뿐만 아니라, 가족 구성원이 종사하는 직종(농업인지 아닌지)도 분류한다. 태어나면서부터 개인은 호구 종류와 거주 장소를 어머니에게 자동적으로 '상속'받는다. 낡은 계획경제 체제에서 호구는 배급의 기준이 되었기 때문에, 개인들은 생존에 필요한 기본 식량을 받기 위해 지정된 거주 지역에 머물러야만 했다.

중국 사회는 지난 30년간 일련의 급격한 변화를 보여 주었다. 가장 놀라운 변화는 개인의 모빌리티가 증대되었다는 점이다. 경제 발전과 교통 인프라 확충에 힘입어 개인의 이동은 놀랄 만한 규모의 이주를 발생시켰다. 배급제가 1980년대에 폐지되었음에도 불구하고 호구는 여전히 유효하며 아직도 사회적 재분배에 중요한 역할을 하고 있다. 따라서 중국 인민들의 모빌리티에 대한 권리는 호구제의 제약에서 완전히 벗어나지 못했고, 공공정책 분야에서도 여전히 많은 영향을 받고 있다.

급격한 도시화에 따른 광범위한 이주

1970년대 말에 시작된 개혁개방 정책은 사회-경제계획의 중심을 도시로 설정했다. 중국 정부는 도시화가 발전을 위한 효과적인 기제라고 보았던 것이다. 이후 경제가 활성화되면서 사람과 상품, 그리고 정보의 이동이 폭발적으로 증가한 동시에 가속화되었다. 유엔의 헤비타트Habitat 보고서에 따르면 1978년부터 2009년 사이에 중국의 도심 인구는 1억 7,200만 명에서 6억 2,200만 명으로 증가했고 도시화 비율은 18퍼센트에서 47퍼센트로 늘었다.[1] 다시 말해, 지난 32년간 중국의 도시에는 매년 평균 1,400만 명(이는 프랑스 전체 인구의 4분의 1 규모다)의 신규 거주자가 유입된 것이다. 이러한 도시화의 배경에는 매우 많은 변화가 숨어 있다. 도심 인구의 증가는 한편으로 도시화된 지역의 지리적 팽창에 기인하며, 다른 한편으로 매우 다양한 지리적 차원의 인구 이주에서 비롯된 것이다. 시골 환경에서 도심 지역으로, 저개발 내륙 지방에서 해안 지역으로, 시골 교외에서 새로운 도심 중심부로, 작은 도시들에서 거대도시로….

　도시 인구통계에는 도시 공간에 성공적으로 뿌리내린 이주자의 비율만 셈해진다. 일반적으로 도시 지역에서 6개월 이상 거주한 이주자만을 대상으로 통계를 내기 때문이다. 특정 시즌마다 특수직 일거리를 찾아 시골에서 도시로 몰려드는 수백만 명의 이주노동자(농민공)를 비롯한 임시직 노동자들은 도시 인구에 포함되지 않는다. 안정적인 직업이나 고정된 목적지가 없기 때문에 이들의 모빌리티는 불안정하다. 결과적으로 지방행정에서는 지역에 실제 거주하는 개인들의 수를 정확히 측정하는 데 어려움을 겪는다. 중국 국가인구가족계획위원회NPFPC의 보고서에 따르면 2009년 지방에서 농업에 종사하지 않는 육체노동 종사자의 수는 2억 3천만 명이며, 이 중 1억 5천만 명

1　UN Habitat (2010), "The state of China's cities 2010/2011: Better City Better Life," p. 8. 온라인으로도 확인할 수 있다. http://www.unhabitat.org /pmss/listItemDetails.aspx?publicationID=3012

이 일자리를 찾아 어딘가로 이동하는 것으로 나타났다.[2]

중국에서는 인구 이주의 규모가 엄청나게 크기 때문에, 다른 장소에서 일하고 거주하기 위해 자신의 공식적 거주지를 옮기는 사람들을 가리키는 '유동인구floating population'라는 용어까지 만들어졌다. 여기에는 지방에서의 이주뿐만 아니라 도시에서 다른 도시로의 이주도 포함된다. NPFPC는 1979년부터 2009년 사이 유동인구가 급격히 증가했다고 보고했다. 연간 6백만 명에서 2억 1,100만 명으로 늘었다. 이러한 추세가 이어진다면 2050년에는 3억 5천만 명에 이를 것이다.[3]

교통 시스템 발전에 기댄 성장

놀랄 만한 규모의 이러한 이주는 모빌리티에 대한 막대한 수요가 생겼음을 의미한다. 공급 측면에서는 교통 인프라가 눈에 띄게 개선되었다. 대규모 인프라 건설이 국가 경제성장의 촉매제가 된 것도 사실이다. 교통 부분에 대한 투자 총액은 2001년 이후 점차 증가하여 2009년에는 2조 3,300억 위안으로 2007년 투자액의 거의 2배가 되었

---

2 Commission nationale sur la population et la planification familiale de Chine, *Rapportsur le développement de la population migrante en Chine*, Pékin, China Population Publishing House, 2010, p. 222.

3 위의 글.

다. 강력한 정책과 막대한 재정투자에 힘입어 교통 부분은 괄목할 만한 발전을 보여 줬다. 1978년과 2007년 사이 중국 도로망의 총길이는 2배 늘어났고 철도는 50퍼센트가 늘어났으며 항공로의 총길이는 15배나 증가했다. 신속한 대규모 교통 인프라 발전 중에서도 가장 주목할 만한 부분이다. 지난 20년 동안 고속도로망은 0에서 5만 4천 킬로미터로 늘어났다. 철도 부문에서는 2004년에 시작된 고속열차 개발 프로젝트가 5,149킬로미터의 신규 노선 설립으로 2010년에 완료되었다. 고속철도의 총길이는 8,358킬로미터로 전 세계 고속철도 총길이의 3분의 1에 해당되는 규모다. 앞으로 21개 성省에 총 1만 7천 킬로미터를 더 건설할 예정이며, 2011년까지 18개 성에 1만 3천 킬로미터의 TGV망이 구축될 예정이다.

이같은 가속화는 지역 단위에서도 나타난다. 2002년부터 2008년 사이 중국의 자가용 수는 4백만 대에서 2,500만 대로 증가했다. 당국에서는 대도시의 교통혼잡을 완화하기 위해 급행 차선을 늘리고 도로를 넓혔다. 일례로 상하이에서는 도로망의 수용률이 2004년에서 2009년 사이 90퍼센트 증가했다. 대중교통 시설 분야에서도 이미 2010년에 10개의 도시가 지하철 시스템을 갖추었으며, 1개 도시가 지하철을 건설 중이고 12개 도시는 계획 단계에 있다. 계획 중인 것까지 포함하여 중국 도시의 지하철 노선의 총길이는, (10개 도시에 이미 존재하는 고속버스BRT는 말할 것도 없고) 현존하는 전 세계 모든 기존 지하철 시스템을 능가하는 규모다.

균형을 위한 일보 후퇴

다양한 교통수단의 급격한 발전은 모빌리티의 증대에 기여했지만, 행정 시스템을 바꾸는 것은 복잡한 과정일 수밖에 없다. 그리고 이 느린 대응은 실제적인 걸림돌이 된다. 중국에서는 사회보장제가 지방정부에 분산되어 있는데, 호구제가 더 이상 생존을 위한 필수품 배급과 관련 없는 제도임에도 불구하고 여전히 사회 재분배 및 자원 관리에 대한 중요한 참고 자료로 활용된다.

지난 몇 년 동안의 대규모 국내 이주가 대체로 사회적 진보와 경제역학의 주요 요소로 간주되면서, 호구제 전체가 문제로 떠올랐다. 요즘에는 지방정부도 이주에 대한 통제를 완화하는 경향이 있어, 어떤 사람들은 호구제의 전면적 폐지를 내다보기도 한다. 대규모 유동인구를 관리하기 위해 각 지역에서는 임시 거주 카드를 발급하고 있다. 안정된 직업과 고정된 거주지를 갖고 있거나 사회부담금을 지불하는 이주자는 이 카드를 신청할 수 있다. 이 카드는 소지자에게 도시 대부분의 공공서비스(자녀교육 포함)를 이용할 수 있는 권리를 보장해 줌으로써 이주민과 지역 주민 사이의 격차를 줄이는 데 도움을 준다.

하지만 이 같은 개인 모빌리티의 증가는 사회경제적 조건이 확연히 다른 지역들 사이의 불평등 상황을 더욱 악화시킨다. 주로 경제적 논리에 의해 강요된 이주는 사실상 매우 선별적이다. 첫째, 육체노동자들이 도시 환경으로 유인되기 때문에 일부 시골 마을에는 어린이들과 노인만 남게 된다. 둘째, 대도시와 해안 도시에는 교육 수준이 높은 사람들이 더 몰리는 경향이 있어 지방과 도시 사이의 격차가 점점 더 벌어지고 있다. 더욱이 압도적인 대도시 인구 집중 현상은 결과적으로 사회에 균열을 불러온다. 세계은행은 인구 1백만 명 이상인 중국 도시 수가 2011년 현재 56개에서 2020년에는 80개로 늘어날 것이라고 전망했다. 실제로 최근의 인구통계 조사 결과는 몇몇 지방정부를 놀라게 했다. 예를 들어 상하이의 총인구는 2,300만 명으로 조사되었는데,[4] 이는 당국이 추정한 2천만 명을 크게 웃도는 수치다.[5] 베이징 역시 예상치 못한 인구 과잉을 겪고 있다. 지방 당국이 발표한 통계에서 도시의 인구수는 2010년에 1,800만 명이었는데 그중 1,200만 명은 호구가 있었고 5만 명은 '유동자'였다. 하지만 여러 조사에 의하면 이는 유동인구가 심하게 과소평가된 결과이며 실제 유동자 수는 7백만 명을 초과하는 것으로 나타났다. 그런데도 베이징의 2020년 마스터 플랜은 인구 1,800만 명을 염두에 두고 설계되었다. 이는 이미 10년 전에 초과된 임계치다.

최근 몇몇 주요 도시에서는 이민자 수를 줄이기 위한 조치를 시작했다. 예컨대 베이징은 2010년 12월부터 1백만 명으로 추정되는 유동

---

4 인구조사에서 지역 인구에는 호구와 상하이에 6개월 이상 거주하는 '유동인구'가 포함된다.

5 지방자치국이 발행하는 상하이 통계연보에 따르면 2009년 말 총인구는 1,900만 명이었다(1990년에는 1,300만 명, 2000년에는 1,600만 명이었다).

인구가 거주하고 있는 모든 지하 대공 벙커를 철거했다. 소규모 사업체와 작업장에 대한 규제도 더욱 엄격해졌다. 수도의 교통 과밀을 해소하기 위해 2011년 1월부터 새로운 자동차 번호판을 월 1만 7,600개로 제한하여 추첨 방식으로 교부한다. 임시 거주 카드가 있다고 하더라도 호구가 없는 사람은 5년 연속 사회부담금을 내지 않으면 함께 지낼 수 없다. 호구 우선 원칙은 지역의 주택정책에도 여전히 남아 있다. 일반적으로 공공주택은 유동인구에게 제공되지 않는다. 몇몇 지방자치단체는 부동산 가격의 폭등을 막기 위해 자발적으로 호구제에 의지했다. 그 결과 부동산 거품 대책을 시행한 11개 도시에서 호구가 없는 사람들은 최소 1년 동안 (베이징의 경우는 5년) 도시에 사회적 비용을 지불하지 않고는 집을 살 수 없다. 더욱이 호구가 없는 가구는 하나의 거주지만 가질 수 있는 반면, 호구가 있는 가구는 두 채 혹은 세 채까지도 집을 살 수 있다.

지역 방어라는 새로운 경향?

현재 임시 거주 카드를 가진 사람을 포함한 유동인구는 지역 인구의 30~50퍼센트를 차지한다. 이들은 도시의 경제적·사회적 생활권에 포함되어 있지만, 호구제 기반의 정책들에서 여전히 소외된다. 호구제는 도시 공간의 인구를 다음의 세 범주로 나눈다. 호구가 있는 지역 주민, 임시 거주 카드를 가진 이주자, 그리고 서류가 미비한 이주 노동자. 이 마지막 범주는 사회적으로 가장 취약한 계층이다. 이들은 지역사회 정책에서는 완전히 배제되지만 역설적으로 당국이 유동인 구를 단속할 때에는 가장 먼저 포착된다. 이들은 소득이 적고 불안정 하기 때문에 도시에 머물기 위한 기준을 충족할 능력이 부족하다. 곧, 호구제는 도시가 주민을 '선택'하게 만드는 제도다. 심지어 어떤 경우 에는 도시의 경쟁력을 높이기 위한 방편으로 호구를 활용해 '엘리트' 를 유치하기도 한다.

새롭고도 뭔가 의심스러운 이 같은 방어적 조치는, 지역 중심적인 것이긴 하지만 자신들의 호구에 가치를 부여함으로써 지역 주민들을 어느 정도는 만족시켰을 것이다. 하지만 지난 음력 설에 이 조치의 악 영향이 드러났다. 한 해 중 가장 중요한 명절 기간을 맞아 대부분의 이주노동자들이 원 거주지로 돌아간 것이다. 가사도우미의 부족으로 많은 도시 가정의 생활이 뒤집혔고, 배달 인력의 부족으로 온라인 판 매가 급감하여 구매자와 판매자 모두 곤경에 처했다. 명절 후에도 육 체노동자의 부족 현상은 계속됐다. 해안 지역의 공장들은 노동자를 모집하는 데 어려움을 겪었다. 문제가 심각해지자 해당 지방정부는 내륙 지방정부에게 도움을 요청할 수밖에 없었다. 이는 호구가 있든 없든 도시 생활을 영위하기 위해서는 다른 사회적 계층의 기여가 필 수적이라는 점을 보여 주기에 충분하지 않을까? 어쨌든 혹자들은 도 시의 인구 제한 정책이 가진 적절성에 의문을 제기하고 있다. 개인의

모빌리티에 대한 권리를 보장하고 도시를 개방형 시스템으로 전환함
으로써 개인과 도시 각각의 자율 규제 능력을 신뢰하는 공공정책이
결국에는 더 논리적인 것이 아닐까?

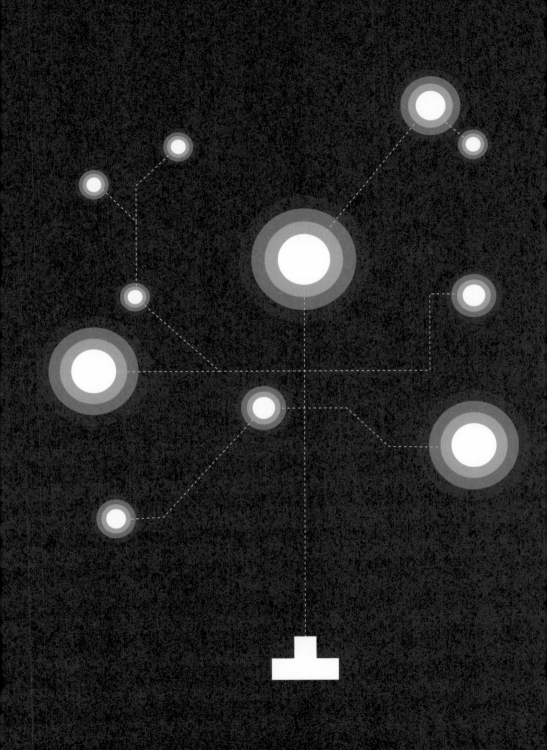

자크 레비*Jacques Lévy* *

모빌리티 모델: 위기에 처한 사회

Mobility Models: Society at Stake

* 지리학자, 도시계획가, 로잔연방공과대학 교수, 스위스

우리는 현재 세 겹의 현상을 목도하고 있다. 도시화의 가속화(전 세계 약 40억 명이 도시-거주자), 통신의 발달(휴대폰 사용자 50억 명, 인터넷 사용자 20억 명), 그리고 전 계층에서의 이동 증가(국제 이동자만 1억 명인 이동의 인류). 이러한 동시성은 물리적 거리를 다루는 세 가지 주요 방식들(공존, 통신, 모빌리티)이 서로를 대체하는 것이 아니라 오히려 서로 '협동'하는 관계임을 보여 준다. 때로는 개별적으로 때로는 동시적으로 사용되며 거리를 극복하는 수단이 되는 이 세 가지 방식은 경쟁적인 동시에 보완적으로 작동한다. 또한 이것들은 다양한 기회들의 결합을 만들어 냄으로써 행위자로 하여금 자신의 공간 자본을 증가시킬 수 있게 한다. 그러므로 우리는 무슨 일이 벌어지고 있는지 이해하기 위해 노르베르트 엘리아스Norbert Elias가 발전시킨 것과 같은 개인 사회의 패러다임을 유지할 것을 주저해서는 안 된다. 엘리아스에 따르면 개인은 자신의 합리성, 감정, 윤리학, 미학을 동시에 모두 포함한 복잡하고 전략적이고 전술적인 선택을 한다.

따라서 우리는 모빌리티의 문제를, 공간 자체(행동이 일어나는 환경)와 공간성(행동의 체계)을 대조하면서 공간을 '통해' 공간과의 (지리적) 관계에 접근하는 방식 중 하나로 보고 전 영역에 걸쳐 다뤄야 한다. 모빌리티는 행위자(특히 개인)가 자신을 제한하는 기존 공간을 활용하는 방식과, 존재하는 공간을 궁극적으로 변화시키기 위해 조직의 힘을 발전시키는 방식 둘 다를 표현한다.

세계화와 모빌리티의 공간 자본

오늘날 세계, 특히 인간이 거주하는 행성 공간으로서의 '세계'는 구조화되고 연결된 모빌리티의 다차원 시스템으로 보면 더 잘 이해할 수 있다. 현대 세계를 나타내는 주요 도식 중 하나는, 고도의 집중화 흐름 속에 건설되고 거주되는 도시들의 군도群島라는 것이다.

이민자, 관광객, 모든 종류의 이동자들은 '연결되지 않았'거나 '결속된' 사람들에 비해 상대적으로 유리해 보인다. 우리는 경제적 자본과 공간적 자본의 차이를 볼 수 있다. 모빌리티가 거의 없는 선진국의 직원들과 같은 대규모 사회적 그룹은 국가적 틀에 갇혀 있다. 특히 19세기 말 이후 지정학적 국가의 건설과 국가적 재분배의 확립이 맞물린 유럽에서는 말이다. 이 같은 국지적 자원은 국가 공간으로 제한된 관계를 요구하며, 다른 곳의 사회계약 재조정에 크게 영향을 받을 수 있다. 우리는 지표 공간(유럽, 세계)의 규모 증가를 못마땅하게 여기는 '붙박인 자'와, 이동을 통해 작업을 구체화하고 수행하는 능력을 보여주는 행위자들을 대조해 볼 수 있다. 이 행위자들의 작업은 사실상 일시적이거나 되돌릴 수 있거나 순간적이거나 한정적이다. 여기서 중요한 것은 이들의 공간 자본이 가진 이동적 요소지만, 그들이 도착지, 출발지 혹은 두 곳 모두에 투자하는 것을 결코 막지는 않는다.

　현대 세계는 모든 수준의 모빌리티에 의해 한데 엉겨붙은 장소들의 군도 형태가 되었다. 이러한 '섬'을 구성하는 장소들은 전 지구적이다. 왜냐하면 이 장소들은 모든 다른 섬들과 연결된 동시에, 활동들과 거주자들을 통해 그 공간 자체보다 훨씬 크거나 작은 세계화를 포착하기 때문이다. 따라서 도시는 세계와 연결되기 때문에, 세계와 접촉하기 때문에, 그리고 세계를 환영하기 때문에 '전 지구적'이다. 세계 사회의 다양한 요소들의 도시 간 및 도시 내 원활한 이동을 가능하게 하는 혼합적인 모빌리티 시스템 덕분에 말이다.

공공재로서의 모빌리티

모빌리티는 그 자체로 공공재로 간주될 수 있다. 모빌리티는 모두에게 속해 있으며 그 생산과 관리도 사회 전체의 산물이다. 이는 기본적인 공공재다. 모빌리티가 없는 도시는 더 이상 도시가 아니다. 네트워크가 없는 지역은 단지 텅 빈 구멍, 맹점이다.

구체적으로 말하자면, 구성원의 모빌리티를 제한하는 사회는 정치적 사회로서의 자기 존재를 유지하기 위해 사회의 발전을 희생시킨다. 전체주의 체제는 대체로 사회 구성원들의 **오고 갈** 권리를 침해한다. 가장 기본적인 인권 중 하나로 보이는 행위를 말이다.

한데, 오늘날의 생태학적 인식은 이 논쟁에 다시 불을 붙인다. 지속 가능한 개발을 옹호하는 사람들은 환경보호와 모빌리티를 포함한 사회개발이 양립할 방법을 찾는 반면, 신자연주의적 경향에서는 모빌리티를 자신들이 추구하는 것(농촌, 공동체, 서식지, 지역우선주의)과 모순되는 가치를 지닌 선천적 악으로서 거부한다. 이는 마르틴 하이데거Martin Heidegger의 가까움과 거리에 관한 논제들이 부활하면서 일어난 논쟁이다. 하이데거가 "현존재에는 가까움에 대한 본질적인 경향이 놓여 있다"고 말했을 때, 그는 두 가지 문제를 제기한 것이다.

첫째, 가까운 곳과 먼 곳을 어떻게 정의할 것인가? 답은 상대적일 수밖에 없다. 왜냐하면 우리가 얼마나 빨리 움직이는가에 따라 가깝고 먼 것은 상대적이며, 지형적 장벽(지질학적, 사회학적, 심리학적 등)

의 종류도 다양하기 때문이다. 그러므로 이는 측정의 문제다. 일반적으로 말해서 '가까움'이란 반드시 기하학적으로 가까운 것만을 의미하는 게 아니다. 누군가는 늘상 자주 가는 곳에서 수천 킬로미터 떨어진 곳을 '집처럼' 느낄 수 있고, 반대로 아주 친숙한 장소에서 단지 몇 걸음 떨어진 곳에서도 매우 멀리 떨어져 있다는 느낌을 받을 수 있다. 둘째로, 이렇게 확장해 생각해 본다면, 가까움이 인간의 '조건'에 있어 정말 필수적이라고 할 수 있을지 의문이 든다. 확실한 것은 없으며, 이동이 더 편해진 뒤에도 그건 마찬가지다. 인류 최초의 대규모 이주, 즉 장소들의 체계로 이어진 우리의 현대식 에쿠메네ecumene[1]는 약 10만 년 전에 시작되었고 (최근의 연구를 믿는다면) 대략 1000년까지 계속되었다. 무엇보다 모빌리티가 필수적이었던 수렵채집인들에게는 이게 현실이었다. 이 시대부터 인간의 마음속에 움직임과 이동에 대한 인식이 확립되었다고 생각할 수도 있다. 그러므로 우리는 하이데거의 말에 반대하게 된다. 인간은 태초부터 장소와 그 장소와의 관계를, 아는 것과 모르는 것을, 'Heimweh'(향수병)와 'Fernweh'(다른 곳에 대한 갈망)를 비교해 왔으니 말이다.

---

1   (역주) 거주지, 혹은 거주 가능한 세계.

지표들과 사회적 선택

그렇다고 해도 특정 유형의 모빌리티가 문제를 일으킨다는 사실이 바뀌는 건 아니다. 예를 들어, 자동차 지표는 환경적 위협(대기오염, 온실가스 배출, 토양의 인공화, 생물다양성 위기)과 공간의 민영화를 결합한 것으로, 공적 공간과 양립하기 어려운 공간을 낳는다. 이동의 관점에서만이 아니라 좀 더 일반적인 관점에서 '자동차 시스템'을 검토해 보면, 우리는 모빌리티가 장소와 장소 사이의 연계를 가져오는 일반적인 생활 시스템의 한 측면임을 알 수 있다. 북아메리카 지역의 교외 거주 모델(그리고 다른 사회들에서의 그 변형 모델들)에서 언제나 사용 가능한 자가용, 가족 소유의 집, 기능의 분리, 인종 분리가 서로 떼려야 뗄 수 없는 관계로 결합되어 있는 것은 우연이 아니다. 어느 것이든 사유화하고 파편화할 수 있다는 사회 개념이 우리 눈앞에 나타났다. 따라서 모빌리티는 함께하는 삶을 이해할 수 있게 해 주는 핵심적인 개념이다. 다시 말해, 문명을 지키는 문제에 다름 아니다.

사적인 분리 방식은 지배 집단의 생활양식에서 수세기 동안 존재했던 것으로, 이들은 자신과 하위 집단 사이에 깨끗한 구분선을 구축하기 위해 노력했다. 이동 속도가 빨라짐에 따라 이러한 분리가 더 쉬워졌고, 노동계급의 구매력이 높아짐에 따라 이러한 분리 방식은 선진국 거주자들의 대부분(하지만 전체는 아니다)으로 확산될 수 있었다. 전 지구적 차원의 논의에서 나타나는 대안적 모델은 공적 공간과 공적 지표를 강조하는 것이다.

　이와 관련해 흥미로운 것은 동일한 이동 기술이 어느 쪽으로든 작용할 수 있다는 점이다. 예를 들어, 시가전차trollycar는 20세기 초 미국 부르주아의 첫 번째 도시 여행을 가능하게 해 주었다. 이동 기술은 도시성 생산에 중요한 역할을 한다. 자동차에 "탑승한 것"이 무엇인지에 따라, 공적 공간이 어떻게 조직되느냐에 따라, 그리고 인구와 기능이 어떻게 뒤섞이느냐에 따라 도시성이 만들어지는 것이다.

공공장소와 공적 모빌리티

강력한 사회적 일관성을 지니는 공적 모빌리티에 기반한 생활 방식을 생각해 보자. 이는 사회와 그 사회를 구성하는 개인의 공동 발전에 기반한 기본적인 모델과 연결된 것이다. 이러한 일관성은 도시성의 관점에서 이해될 수 있다. 다양하고 조밀한 인구 분포 때문에 대중교통에 압도적으로 의지해야 할 뿐만 아니라 개별 대중교통(택시, 공유자전거, 공유자동차, 또는 함께 타거나 개인화된 교통수단)도 필요하다. 이런 접근을 통해 과거에 자주 혼동됐던 두 쌍(공공/개인, 집단/개인)을 구별할 수 있다. 공적 모빌리티는 공적 공간과의 관계에서 차이를 보이는 존재인 개인과 집단을 결합한다. 공적 모빌리티의 가장 기본적인 특징은, 주거 공간과 연결된 교통 환승 공간(기차역, 버스 정류

장, 정거장과 환승 허브)과 교통 차량 자체 둘 다를 통해 공적 공간을 한번에 요구하고 생성해 낸다는 점이다. 교통 시스템의 '공공성'은 그것의 정도와 무관하게 항상 존재하는 것이다. 예컨대, '비행 시스템'을 보면 공공성의 중요성을 알 수 있다. 비행기는 안락함의 측면에서는 거의 빵점이면서도 장거리 이동을 위해서는 다른 대안이 없는 이동 수단으로, '지위'가 낮은 승객과 '동석'하는 것을 피하기 위한 방법(특히 재정적인 방법)이 갖춰진 공적 공간의 반대 공간이다. 물론 대부분의 경우는 대중교통과 공공장소 간의 상관관계가 매우 강력하여 이동하는 자는 가능한 한 많은 인지적, 정서적 다양성에 노출된다(상당 부분은 공감 감성과 우연성 덕분에 말이다). 게다가 공공장소는 신체가 활성화되는 공간이다. 인간은 다치기 쉽기 때문에 보행자와 비인간 행위자 사이의 상호작용을 통해 공유된 정치적 세계를 즉각적으로 구축하도록 만든다. 이 모든 이유에서 공공장소는 보행자가 보행자로 남아 있는 공간이라고 말할 수 있다. 공적 측정이란 항상 보행자 측정이다.

반대로 이것은 공공장소가 무엇보다도 이동의 장소, 즉 체류 자체보다는 모빌리티가 더 중요한 장소라는 점을 의미한다. 단기적으로는, 체류할 수 있는 권리가 공공 공간의 구성적인 '계약'의 일부임이 분명하다. 예를 들어 일반도로에서 고속도로로 진입할 때 요금을 징수하는 차선 민영화 정책은 보행자의 존재를 금지하는 것과 관련이 있다. 그러나 일반적인 수익사업은 대개 특정 공간의 교통 흐름에 부정적 영향을 미치는 장기 주차 행태에 요금을 부과하는 방식으로 구성된다. 일반적으로 어떤 공간에 대한 대중의 접근이 방해받게 되면, 그 공간은 사회 전체에 기반을 둔 표준 공간으로서의 공공성을 상실하게 된다. 특정한 공동체에게만 접근이 허용될 때 그 공간은 빠르게 그 공동체만의 재화가 된다.

모빌리티: 민주주의적 쟁점

모빌리티를 현재 결정하고 있고 앞으로 결정할 사람은 시민-거주자다. 1990년대 중반 이후 선진국에서 확인된 자동차 판매 감소는, 과거의 곡선를 미래로 확장시키는 데에 만족하는 게으른 '예보관'에게는 슬픈 소식이겠지만, 모빌리티의 미래가 열려 있음을 보여 준다.

사회적 통념과 달리, 이동하는 개인은 합리적 논쟁에 저항하는 대신 자신의 모빌리티 선택지를 다른 것들, 그러니까 언젠가는 자신의 것이 될 더 포괄적인 선택지들과 논리적으로 통합한다. 무엇보다 이것은 모빌리티에 대한 논쟁이 전문가들 간의 토론으로 국한될 것이 아니라 관련자들이 참여해야 하는 것임을 말해 준다. 투표를 통해서든 직접 대응을 통해서든 앞으로 관련자들이 계속 참여할 수 있는 방법이 필요하다. 더욱이 우리가 본 것처럼 모빌리티의 주요 차원인 사회의 주요 모델에 대한 공개 토론이 이루어져야 한다.

이를테면 전문가와 정치인의 협조를 받아 사회가 그렇게 결정한다면, 모바일 시민은 공적 모빌리티를 마음과 행동의 기본 기준으로 삼을 수 있다.

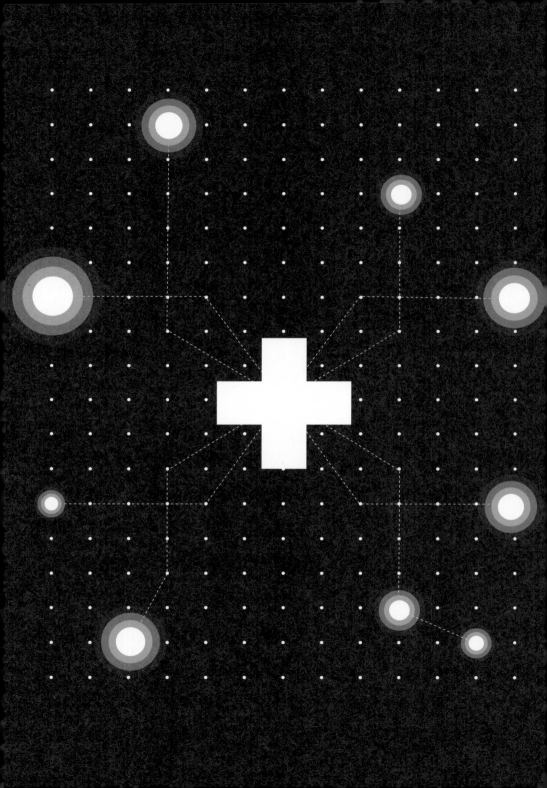

장 비야르*Jean Viard *

현대의 문화, 모빌리티

Mobility,
the Culture of
Modern Times

* 프랑스 정치연구소(CEVIPOF) 국립과학연구원(CNRS) 연구이사, 프랑스

20세기 인류는 세 가지 위대한 진보를 이루었다. 생산된 부 10배 증대, 이동 거리 9킬로미터 증가, 기대수명 40퍼센트 증가. 적어도 선진국에서는 말이다. 불과 1백 년 사이에, 1000년과 1900년 사이에 놓인 9백 년만큼의 변화가 일어난 것이다.

이 세 가지 수치를 비교해 보면, 부나 이동 거리의 증가 폭에 비해 기대수명은 '단 40퍼센트'만 증가했음을 바로 알 수 있다. 빅토르 위고Victor Hugo가 '인간의 가장 중요한 자산'이라고 말한 바대로 수명이 가장 중요한데 말이다. 상품과 지식의 생산성 증대에 비해 기대수명의 증가는 미미하기 때문에, 더 가질 수 없음에도 불구하고 우리는 늘 **시간이 부족하다는 느낌**에 압도되는 것이다. 그렇지만 틀렸다.

이렇게 이해해 보자. 사용 가능한 재화가 급증하고 무언가를 갖거나 뭔가를 행할 가능성이 늘어나는 상황에 직면했을 때, 우리가 제일 먼저 인식하는 것은 **우리가 절대 하지 않을 행위들이 늘어난다는 것**이다. 이는 우리가 절대 접근할 수 없는 물질적·문화적 재화가 지속적으로 증가하는 반면, 기대수명은 그 절반밖에 늘지 않는다는 사실을 봤을 때도 논리적이다! 사실 우리가 더 많이 뭔가를 하고 뭔가를 소비할수록, 우리가 하지 **않은** 행동이나 하지 **않은** 소비의 양은 더 빠르게 늘어난다. 우리가 결코 다 볼 수 없는 세상의 모든 영화, 절대 다 못 읽을 책들, 다 가 볼 수 없는 여행지들, 만나 볼 수 없는 다른 모든 사람들을 생각해 보라.

그러므로 노동은 줄고 수명은 늘어난 오늘날 사회에서 우리는 시간이 부족하다는 느낌을, 그리고 이전 세대만큼 못 살고 있다는 느낌을 강하게 받는다. 좌절감이 만족감보다 훨씬 빠르게 증대되기 때문이다. 따라서 현실적으로 우리 사회와 또 우리 각자에게 요구되는 것은 제공되는 것이 너무나 많은 이 사회에서 선택한 문화에 접근하는 방법이며, 살면서 배울 수 있는 무수한 기회들 때문에 기대수명이 가려진 사회에서 주어진 시간을 극도로 효율적으로 사용하는 방법이다.

물론 20세기 들어 점점 더 멀리 더 빨리 이동하게 되면서, 우리는 늘어난 자유시간과 쏟아지는 기회들 사이의 간극을 좁히려고 노력했다. 물리적으로 그럴 뿐만 아니라 가상적으로도 말이다. 일할 때나 쉴 때나 **인간이 할 수 있는 최대치**를 하려 하므로 속도에 대해 탐구하게 되었다. 그리고 축적에 대해서도. 이 둘 모두 현실이자 가상이며 무한하다. 우리는 눈 깜짝할 사이에 전 세계가 소리와 이미지 바이트로 우리에게 당도하는 순간적인 행성의 시간에 진입하였다. 프랑스에서 사람들은 하루 평균 45킬로미터를 이동한다. 1950년에는 산업화 이전의 사람들과 마찬가지로 평균 5킬로미터를 이동했는데 말이다. 텔레비전 뉴스 방송을 보며 우리가 이동하는 가상의 이동 거리는 말할 것도 없다. 단 30분만에 수천 킬로미터를!

하지만 모빌리티 사회는 단지 킬로미터의 문제가 아니다. 그 수치들은 오늘날 현대 문화가 그 주변에 남긴 '흔적'이자 통계적인 수치라고 할 수도 있다. 왜냐하면 모빌리티와 속도는 어디에나 있기 때문이다. 운전을 하며 전화를 하거나 라디오를 들을 때처럼, 텔레비전 앞에 앉아 채널을 바꾸고, 다른 언어를 배울 필요 없이 피진pidgin 영어를 사용하여 사람들과 소통하고, 하루 수면 시간을 거의 2시간 줄이고, 패스트 푸드를 먹고, 낭만적인 순간들을 단축시키고, 물론 일에 전념하는 시간도 극적으로 제한한다. 1900년에는 삶의 약 40퍼센트 시간을 노동한 데 반해 오늘날 우리는 삶의 약 10퍼센트만 일하지만, 생산성과 스트레스 수준은 완전히 불균형적이다.

휴가를 떠나지 않고, 바다나 에펠탑을 본 적도 없고, 국경을 넘은 적도 없고(매년 인류의 10퍼센트가 넘어감), 기차나 TGV를 타 본 적도 없고, 이웃과 결혼하고 가업을 이어받는 삶. 이런 생활 방식은 지금은 희귀한 것이 되었지만 불과 반세기 전까지만 해도 일반적인 것이었다. 우리는 이제 '옛날'과는 완전히 단절하고 인류 여정의 새로운 시대를 열었다. 모빌리티를 향한 움직임의 증거는 너무나 많다. 프랑스에서 신생아의 53퍼센트는 결혼이라는 제도 바깥에서 태어나며, 프랑스인의 10퍼센트는 매년 이사하고, 11년 2개월마다 이직하며, 유럽인의 60퍼센트는 매년 휴가를 떠나고, 은퇴자의 48퍼센트는 은퇴 후 이직을 꿈꾸며, 유권자의 61퍼센트는 자신이 투표하는 마을이나 도시에 살고 있지 않아 현재 프랑스를 옭아매고 있는 '잠자는 민주주의'를 구성하고 있다.

임의적 만남과 공간적 이동

모빌리티 사회에서 가장 큰 쟁점 중 하나는 **임의의 만남 장소가 구축된다**는 것이다. 함께 사회를 건설하려면 적어도 가끔은 사회 구성원들과 공유할 수 있는 집합적인 사건들, 장소들, 가치들, 기억들에 접속

할 필요가 있다. 그렇지만 하루 종일, 일주일 동안, 일 년 내내 심지어 평생을 움직이며 살고 있는 사람들이 어떻게 그런 집합 공간을 만들 수 있겠는가? 어떤 도시와 국가들은 이를 환상적으로 만들어 내지만 그렇지 않은 쪽도 있다. 그리고 이런 공간이 상업적 공간과 섞이지 않게 하려면 어떻게 해야 할까? **인간성을 구성하는** 순수한 기쁨의 문화인 시민권을 대표하는 공간을 어떻게 창출할 것인가?

관광 명소나 문화적 명소, 기념식이나 스포츠 관련 행사, 역사적이거나 정치적인 대규모 명소와 멋진 순간들은 이 공간의 중요한 랜드마크가 된다. 레저와 관광의 역동성은 결정적인 역할을 한다. 사용과 소비를 넘어 **생활양식에 의해 재구성되는** 사회에서 환경의 진정한 지표이기 때문이다. 여기에서 로랑 다브지Laurent Davezies[1]에게 중요한 개념인 '직접적'이고 주거와 관련된 경제는, 각 지역별로 신중하게 조사되어야만 한다. 서로서로 결합하거나 배제하거나 충돌하는 다양한 시스템을 형성하는 다양한 모빌리티가 있기 때문이다.

이것이 우리가 불연속적 문화를 맞이하게 된 이유이며, 세계를 군도로서 경험하는 이유이며, 커다란 연속 단계들로 구성된 삶에서 파스칼 브루크너Pascal Bruckner가 "로마네스크 삶"이라고 부른 것으로 이동한 방법이다. 우리는 압도적으로 정주적 생활을 하던 존재에서 (움

---

1 Davezies (L.), *La République et ses territoires. La circulation invisible des richesses*, Paris, La République des idées / Seuil, 2008.

직이는 엘리트, 이주노동자, 가난한 유목민 등 소수를 제외하고는) 공간 자본에 따라, 또 이동 거리에 따라 차등이 매겨지는 이동하는 존재로 조금씩 변모해 왔다. 프랑스 대통령은 하루에 7백 킬로미터를 이동하는 것으로 추정된다. 반면에 딱 맞는 명칭인 'pieds d' immeuble'[2](문자 그대로 '건물 발')은 그들의 공영주택을 거의 떠나지 않는다. 이는 모빌리티 문화의 민주화 문제가 여전히 쟁점이며, 완벽해지기 위해서는 공간 자본에 대한 교육과 공유의 문제가 남아 있음을 보여 준다. 따라서 우리는 의심할 여지없이 모순되는 두 가지 정책을 성공적으로 관리해야 한다. 모빌리티의 민주화를 장려하는 동시에 사회적, 생태적, 공간적 영향력에 의문을 제기해야 한다.

동네를 떠나거나 휴가를 가 본 적 없는 우리 사회의 누군가를 어떻게 통합할 수 있을까? 우리 사회의 '정주화된'(혹은 재-정주화된) 사람들이 구직 활동을 하거나 이웃 외의 사람들을 만나거나 직업적인 이유로 이동하도록 어떻게 도울 수 있을까? 위험한 것은 사회가 결국 소수민족(많은 사람들이 꼭 도시에서 살기를 원하지는 않는다)이 포함되는 게토 지역과 엘리트나 중산층을 위한 높은 생활 수준을 가진 도심 지역으로 분할될 것이라는 점이다.

또한 모빌리티 사회는 선택이 가속화된 사회이기 때문에 취약층

---

2 (역주) 건물을 떠나지 않는 사람들. 주로 교외의 서민 아파트촌 사람들을 일컫는 말.

은 원치 않는 지역으로(1960년대의 사회 도시화, 파괴된 농촌, 산업 황무지) '치워지고', 자전거-트램-TGV-저비용 모델에 완전히 둘러싸일 수 있는 모바일 도시성이 선호된다. 모바일 도시성의 기본 토대는 삶의 질이 우수하고 TGV 연결망이 잘 갖춰진(19세기의 오래된 산업 지역보다는 관광 지역이 선호됨) 대·중·소도시의 도심 지역이다. 이러한 분할은 기타 다른 이동과도 부분적으로 수렴함으로써 경제적 게토뿐만 아니라 문화적·종교적 게토를 만들어 내기 때문에, 심각한 사회적·지역적 붕괴를 초래한다.

사회적 규제에서 정체성에 기반한 생태적 규제로

이동하기 위해서는 어딘가 다른 곳에 대한 기대가 있어야만 한다. 일시적이든, 순간적이든, 영속적이든, 가깝든 멀든 간에 물리적 이동 행위를 하려면 이러한 확신이 전제되어야 한다. 에르베 르 브라Hervé Le Bras[3]가 설명했듯이, 오래된 농촌사회에서 관광산업이 발전하고 농촌 이주 현상이 일어나기 위해 필요했던 것이 바로 이런 확신이었다.

---

3 Le Bras (H.), *Le Sol et le Sang*, La Tour d'Aigues, L'Aube poche, 2010.

유럽에서 이 두 현상은 19세기 중반에 시작되어 거의 동시적으로 발전했다. 마찬가지로 남부 저개발 국가의 가난한 이민자들을 프랑스로 끌어당기는 것은 '다른 곳'이라는 생각이다. 유세프 세드딕Youssef Seddik[4]이 "한밤의 도착자"라고 부른 이 사람들은 현실에서 여전히 형편없는 대우를 받는데도 말이다.

나는 모빌리티 사회가 수천 년 동안의 정주성과 정복을 성공시켜 왔음을 인정해야만 한다고 생각한다. 정복은 종종 필요와 상관없이 정주 인구의 과잉을 가져오므로 정주성과 정복은 분리할 수 없다. 세계는 점차적으로 완전히 인간화되었다. 인류는 다른 걸 거의 의식하지 않고 살았기 때문에 처음엔 세계가 인간화되었음을 알아채지 못했지만 말이다. 지난 500여 년간 인간은 이미 인간화된 세계를 재-정복했다. 불공정한 식민지화와 인간성 자체에 대한 부정에서부터 대량학살(극단적인 예인 홀로코스트)에 이르는 극단적인 폭력을 경험하면서 누적된 인간성을 조직하기 위해서는 재-정복이 필요했다. 이제는 문화에 대한 상호 존중 태도가 널리 퍼졌고, 모빌리티는 우리가 동일시할 수 있는 친숙한 장소에서 살아갈 수 있게 해 준다. 이제 문제가 되는 것은 공유되고 폐쇄되고 내밀한 환경에서 가장 짧고 빠른 경로를 찾는 것이다. 더 이상 외부란 없고, 영속적인 이주라는 것도 없

---

4 Seddik (Y.), *L'Arrivant du soir*, La Tour d'Aigues, L'Aube poche, 2010.

다. 우리는 이미 상상이 구현된 빛나는 오솔길을 걷고 있다. 그리고 우리는 더 빠르게 이동할 수 있다. 이미 '알려져' 있고 그래서 더욱 쉽게 이해되는 표준화된 코드를 사용할 수 있기 **때문이다**. 그러므로 이동은 특이한 전쟁에 의해 규제된 세계화의 인간 모습이다.

결론적으로 우리가 스스로에게 물어야 할 질문은 이동의 이러한 가속화/변형의 원인이 무엇이며 그것이 우리를 어디로 데려가고 있는가 하는 점이다. 산업혁명과 그리고 1848년(프랑스 2월혁명)과 1998년(프랑스 월드컵) 사이에 발생한 대규모 사회적 조치들은 우리의 기대수명을 엄청나게 늘려놓았다. 하지만 기대수명이 늘었다는 것이 중요한 게 아니다. 목표는 삶의 질을 높이는 것이었지 단순히 더 오래 사는 것, 혹은 더 많은 모빌리티를 갖는 것이 아니었다. 앞서 말했듯 부와 재화 그리고 욕망의 증가에 비하면 기대수명의 증가는 소박한 정도에 그치지만, 이 증가는 우리를 사악한 경주로 끌어당겼다. 우리의 문화를 변화시키는 모빌리티와 속도를 향한 무한 질주로 말이다.

그러나 이 가속화된 모빌리티는 서록 독립적으로 구축된 문화들을 압축시키고 있다. 각각의 문화는 매일 끊임없이 연결되고 있으나, 정체성 긴장 상태를 유지하며 서로 신중하게 만나고 뒤섞였다. 동시에 이러한 모빌리티는 자연에 대한 인간의 약탈적 관계를 가속화하는 데에도 기여했다. 동력자원이 지속적으로 필요했기 때문이다. 정체성 위기와 생태환경의 위기는 사회 규제의 급속한 성공의 산물이다.

하지만 조심하지 않으면 적이 될 수 있다. 그럼에도 불구하고 둘 다 소속 체계와 물리적 모빌리티의 부정적 효과 감소 사이의 관계를 감시하기 위한 새로운 규제를 필요로 한다. 절감과 동시에 문제를 단순화하지 않는 민주화가 필요하다.

그럼에도 불구하고 20세기는 모빌리티, 자유, 개인이라는 이념을 하나로 모았다. 우리가 널리 전파하고 민주화시켜야만 하는 것은 바로 이러한 개인-자유-모빌리티의 연결 고리다. 권위주의적 시스템을 특징 짓는 것 중 하나는 그들이 (어느 정도는 그것들을 정의하는 역할을 한다) 모빌리티의 원칙들(여권, 인터넷 연결에 대한 제한, 정치적 변화에 대한 권리)을 공격하기 시작했다는 것이다. 따라서 민주적 시스템은 개인이 언제 어디서나 자유롭게 이동할 권리가 있는 시스템으로 정의할 수 있다.

우리는 또한 현재 널리 퍼져 있는 지속가능한 개발 이데올로기에 신중하게 접근해야만 한다. 미래 세대를 위해 오늘날 개인의 모빌리티에 대한 권리를 제한하는 것에는 위험성이 도사리고 있기 때문이다. 도래할 민주주의의 진짜 쟁점은 모빌리티의 제약을 줄이는 동시에 모빌리티에 의한 환경오염도 줄이는 것이다. 이러한 민주화는 반드시 계속되어야 한다. 이 같은 모빌리티의 수단과 자원을 발견하고, 이미 제한된 이동 속에서 덜 제한적인 공간 조직을 만드는 일은 우리에게 달려 있다. 다시 말하자면, 우리는 자유를 진정 손에 넣기 위해서, 우리의 끝없는 자유에 대한 요구에 새로운 한계를 두어야 한다.

이러한 정치적 상황 하에서만이 지속가능하고 민주적인 모빌리티 사회가 가능해진다.[5]

---

5 장 비야르는 이 주제에 대해 다음의 책에서 자세히 다루고 있다. *Eloge de la mobilité*, La Tour d'Aigues, éditions de L'Aube, 2006.

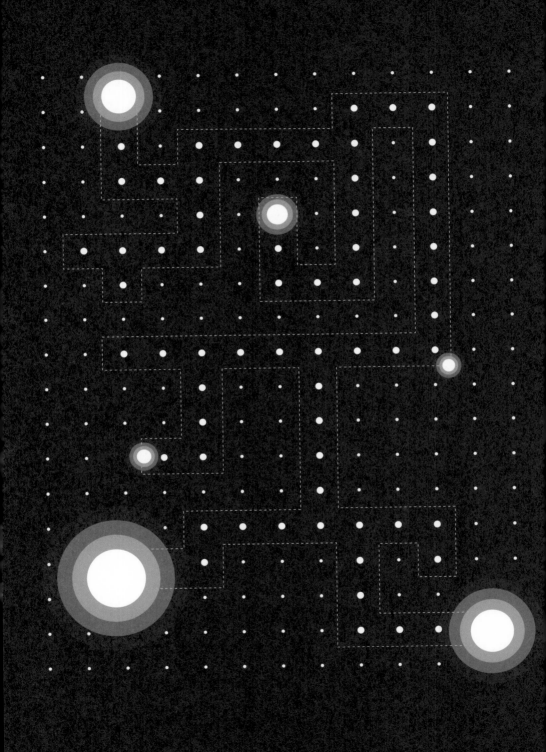

다비드 자마르*David Jamar*, 피에르 라노이*Pierre Lannoy* *

모빌리티에 대한 권리의 이상과 고민
(또는 모빌리티를 정치 영역으로 만드는 방법)

Ideals and Problems of a Right to Mobility
(or how to make mobility a political territory)

* 사회과학 연구소, 브뤼셀자유대학교, 벨기에

확정적으로 정의할 수 있는 대상은 아니지만, 모빌리티에 대한 권리를 요구하는 것은 상대적으로 공유된 사회에 대한 정치적 상상을 불러일으킨다. 먼저 그 정의를 내리는 것부터 시도해 보겠다. 그런 다음 혼란을 야기하는 표현들을 알아보고 모빌리티에 대한 권리 실행을 위한 몇 가지 주제넘은 제안과 함께 모빌리티에 대한 권리의 정치적 시험에 대해 토론해 보겠다. 권리의 발명은 본질적으로 잠재력을 해방시키는 반면, 그것의 구체적인 **입증**은 어느 정도는 공식적으로 이 새로운 권리를 환기하는 원칙과 실천 사이의 대립에 있다. 그렇기 때문에 이제부터 모빌리티에 대한 권리의 구현에서 근본적으로 드러나는 정치적인 성격에 대해 말해 보려 한다.

사회적 상상의 세 영역

대체로 모빌리티에 대한 권리의 요구는 사회조직의 통념을 공유한다. 이 권리는 개인적이고 제도적인 관행들을 수행하거나 혹은 규제하리라 여겨진다. 이런 지배적인 믿음은 세 영역으로 특징 지어 볼 수 있다.

첫째로 모빌리티는 인간의 기본적인 권리로 이해된다. 특히나 〈세계인권선언〉에서 '이동의 권리'를 인간의 기본적인 권리로 명시함으로써 모빌리티의 '자연성'을 반박할 수 없는 사실로 만들었다. 이렇게 해서 모빌리티에 대한 권리는 개인적 이동을 제한하는 데 맞서는 저항의 근거로 작용한다.

둘째로 모빌리티에 대한 권리는 생산적 활동(일, 소비, 교육, 문화 등)이 결합되어 있는 통합된 사회 속에서 존재하고 있음을 명시하는 기능으로서 이해된다. 이 '시스템'에 비추어 보았을 때에야 모빌리티의 단점과 과잉이 밝혀진다. 한편에는 통합되어야만 하는 '소외된 자'(실직자, 빈민, 청년, 노인 등)의 흔들리는 모빌리티가 있고, 다른 한편에는 제거되어야만 하는 외부자(이민자, 망명 신청자, 여행객, 테러리스트, 범죄자)의 통제되지 않는 모빌리티가 있다. 반면에 '통합된' 개인들은 사회 시스템에 필요하기 때문에 '정상적인' 모빌리티로 배치된다. 몇 편의 글에서 모빌리티에 대한 권리를 노동에 대한 권리에 접근하는 열쇠로 보려는 믿음을 발견할 수 있는데, 여기서 당연한 사실로 간주되는 고용시장의 구성은 사실 순전히 사회-역사적 구성물이다. 이 두 가지 권리 사이에서 사회-지리적 지역 그 자체는 정치적으로 부정된다. 모두에 대한, 그리고 모두를 위한 접근성이 암묵적인 전제 조건으로 작용하는 것이다. 여기서 모빌리티에 대한 권리는 국가의 책임으로서 등장한다. 국가는 이상화된 사회 결합을 지속시키기 위해 비정상적 모빌리티와 지역적 '불균형'을 규제하는 것을 목표로 삼는다.

셋째로 모빌리티는 이성적이고 개인적인 행위로 이해된다. 모빌리티에 대한 권리의 주체는, 혹은 모빌리티 행위의 주체는 가장 이성적인 방법으로 활동 일정(활동 시간과 이동을 계속해서 계산해야 하는 일정)을 실행하려는 욕구를 가지고 움직이는 개인이다. 이러한 계산은 '다른' 권리를 셈에 넣었을 때 더욱 합리적으로 작동한다. 사회적 모빌리티 계약에 함축된 도덕적인 관념은 개인의 책임에 대한 이러한 경향을 가장 명료하게 보여 준다.[1]

이상의 세 가지 영역은 일반 대중에게 모빌리티에 대한 권리의 기초를 제공한다. 사람들은 이상적으로 동질적이고 통합적인 환경에서

---

1 Haumont은 '모빌리티 계약'이 이동의 문제와 관련하여 "개인의 이익과 공공의 가치 사이를 중재"하기 위해 사회 스스로가 마련한 수단이라고 설명한다. 오늘날 이러한 수단은 계약적 조치의 형태를 가장 많이 취한다. 여기에서 개인은 독립적인 도덕적 법적 실체인 권리(들) 및 의무(들)의 주체로 관여하며, 그 중요성에 대해 의문을 제기할 수 없거나 간접적인 방식으로만 이의를 제기할 수 있음을 계약의 조건으로 존중해야 한다. Haumont(A.), *Le contrat de mobilité*, in Lassave (P.), Haumont (A.), dir., *Mobilités spatiales. Une question de société*, Paris, L'Harmattan, 2001, pp. 185-191.

합리적인 개인들의 자유로운 이동이 발생하는 상상적 사회를 정의한다. 이러한 환경에서는 잘 설계된 모빌리티에 대한 권리가 궁극적으로 현명하게 규제될 것이라고 생각된다.[2]

모빌리티에 대한 권리의 혼란스러운 표현

하지만 '현대적 모빌리티'의 표준화된 성격이 권리 그 자체에서 드러나는 많은 역설들을 흐릴 수는 없다. 여기서 모빌리티 현상의 이질적인 배치에 내재된 모순에 대한 다른 이들의 정리를 따라갈 생각은 없다.[3] 만약 역설적인 것이 있다면, 그것은 앞서 언급한 세 가지 가상의 영역에서 나타난 문제들과 분명히 연관되어 있다. 특히 이는 모빌리티를 둘러싼 쟁점과 문제들의 표현으로 초래된 정치적 행위와의 접촉을 통해 드러난다.

---

2 균질화된 공간에 의해 우리는 다른 구역과 비교 가능한 좌표(예컨대 매력도 평가)로 각각의 특정 지역성을 축소시키는 공간을 나타내며, 합리적인 개인의 합리적인 선택에 의해 잠재적인 적격성을 부여한다. 이러한 의미에서 이들은 각 개인이 이용할 수 있게 하고(평등) 개인과 단체 모두의 결속을 보장하며(기획/개발 및 사회적 다양성), 바람직하지 않은 개인의 접근을 차단하는 것(국경 횡단 이주자에 대한 원칙적인 관리)을 동시적으로 목표하는 국가 기반의 개발 실행의 대상이다.

3 다음을 참고할 것. Castaigne (M.), et al., *Droit et mobilité*, Namur, Presses universitaires de Namur, 2003.; Kaufmann (V.), *Les paradoxes de la mobilité. Bouger, s'enraciner*, Lausanne, Presses polytechniques et universitaires romandes, 2008.

한편으로 인간의 권리이자 본능적 필요로서 모빌리티에 대한 권리를 요구하는 것은, 역설적이게도 우리로 하여금 '동원되는' 사람들의 다양한 활동(즉, 사람들이 목표하고 계획된 행동으로 '설정되는' 여러 가지 방법들)에 관심을 기울이게 한다.[4] 이처럼 '계획된'[5] 동원의 다양하고 광대한 성격은, '필요'로서의 모빌리티가 다양한 층위(전 지구적, 대륙적, 지역적, 대도시적)의 지배적인 경제·정치 논리들에 의해 정의된다는 점을 이해하기 쉽게 만들어 준다. 이러한 동원 앞에서 모빌리티에 대한 권리는 저항의 도구처럼 보일 수 있다. 업무상 출장이나 이동 수단의 건강/환경적 영향들을 둘러싼 요구나 조건들과 관련된 투쟁에 사용될 때 특히 그러하다.

다른 한편, 사회적으로 평등한 모빌리티라는 이상은 통합된 공간 속에 배치되며 아직은 잠재된 모빌리티에 대한 권리의 미래적 구현에 의해 전개되는데, 이 이상은 현재 모든 형태의 이동 관행이 누군가에겐 불만족스럽게 여겨지고 따라서 규제가 부족하다고 간주되는 일종의 자연 상태임을 암시적으로 시사한다. 하지만 실제로는 규범적인 결함들에 시달리기는커녕, 이러한 다양한 모빌리티의 구현은 법적·제도적으로 완전히 통제되고 있다. 사실 다수의 '모빌리티에 대

---

4 De Gaudemar (J.-P.), *La mobilisation générale*, Paris, Champ Urbain, 1979.; Sloterdijk(P.), *La mobilisation infinie*, Paris, Seuil, 1989 (new edition 2000).

5 그중 몇 가지 예로는 전문 활성화 정책, '평생'교육, 학생 모빌리티, 직업과 직책의 유연성 향상, 직원들의 조직화된 통근 관행, 자동차 및 관광 광고로 공간을 소비하라는 요구, 새로운 활동센터 개발 등이 있다.

한 권리'가 존재한다. 인프라와 시스템에 대한 접근 조건, 통제, 사용 조건, 다양한 이동 허가 유형(국경-횡단), 국제무역 규칙(상품의 운송, 자본의 흐름 등), 주거 권리와 신분 증명서 등이 그것이다. 전반적인 모빌리티의 향상을 목표로 하는 것처럼 보이는 이 모든 조치들은 실제로는 다른 방식으로 구체적인 이동 행위를 중심으로 조직되는 일련의 '건전한' 모빌리티를 정의하고 있다. 다시 말해서, 모빌리티는 이중으로 정치화되는 것처럼 보인다. 흐름의 통제를 조직하는 행위자들—특히 공적 행위자들—에 의해 규정된다는 점에서, 그리고 정확히 이들의 이동을 촉발시킴으로써 현대 세계에서의 권력이 행사된다는 점에서 말이다.[6] 모빌리티에 **의한** 동원은, 모든 여행은 이동으로 규정됨에도 불구하고 그중 일부는 다른 것들보다 더 '건전하기' 때문에 존재할 뿐이다. 거주 비자가 없는 개인들의 요구는 바로 이러한 이중의 불안을 불러온다. 근본적으로 선언된 권리와 그 권리의 실행 사이의 균열을 생성하여, 흐름으로 변환된 이동(위계적으로-구성된 모빌리티)을 관리하기 위한 계획과 조치에 부수적인 것(혹은 '딱 들어맞지 않는 것')을 발생시키는 것이다. 모빌리티 권리에 대한 일반적인 선언은 잠재적으로 (부)적절한 정치적 의미를 부여하는 이러한 저항운동들을 더는 배제할 수 없다. 이제 우리는 이 권리가, 거주 허가가 없는 사람들의 투쟁과 그 투쟁에 대한 정부의 대응을 통해 지역과 권력

---

6 Cresswell (T.), *On the Move. Mobility in the Modern Western World*, New York, Routledge, 2006.

을 획책하는 정책에서 기인한다는 것을 안다. 이는 정치적 갈등이 존재할 수 있고, 그 갈등에 정책이 개입할 수 있다는 생각에 근거한다.

마지막으로 세 번째 영역은, 지리적 조건과 교통수단을 합리적으로 이용하는 개인 형상을 만들어 낸다. 이들의 관계는 각 시민이 참여하는 모빌리티 계약에 의해 드러나게 될 것이다. 이런 측면에서 우리는, 특히 대중교통 이용자들의 투쟁에서 드러나는 어떤 불안을 읽어 낼 수 있다.[7] 이 투쟁의 요구는 모빌리티에 대한 추상적인 권리 문제와는 실제로 관련이 없다. 그 대신 이들은 공공서비스를 '집단적 합의'로 재정의하려는 시도를 분명하게 보여 준다. 기본적으로 이들은 운송회사가 설정한 일반적인 범주를 거부하면서 교통을 상업적인 공간이 아닌 정치적인 공간으로 보려 한다. 무료로 대중교통을 이용할 권리를 얻고자 적극적으로 싸우는 브뤼셀의 '티켓 없는 교통Collectif Sans Ticket' 운동이 이를 잘 보여 준다. 여기에서는 대중교통 무료 이용 문제를 부정 탑승자와 정직한 시민을 구분하는 문제가 아니라, 개별 이용자와 집단 행위자 사이의 긴장의 문제로 보는 것이다. 이들 각각은 꼭 일반적인 모빌리티에 대한 권리가 아니라 정치적 공간으로서의 교통수단에 대한 권리를 주장하려고 시도한다.[8] 여기서 이용자

---

7   Cherki (E.), Mehl (D.), *Les nouveaux embarras de Paris, Paris*, François Maspero, 1979.; CST (Collectif Sans Ticket), *Le Livre-accès*, Mons, Editions du Cerisier, 2001.; "Les transports en commun," Vacarme, 16(http://www.vacarme.org/article157.html), 2001.

8   따라서 검표원과 협상할 때 물질적 지원 역할을 할 교통카드에 대한 권리를 생성하여 그 행위가 전술적이

는 더이상 개인(선택한 공간에서 모빌리티 자원을 극대화한다고 가정되는)이나 고객(타깃 집단), 심지어 소비-시민(양질의 서비스를 요구할 힘이 있는 개인)이 아니다. 이용자는 서비스 조직을 함께 만들어 내려고 시도할 때 이용자가 된다. 해당 라인에 검표원이 있는지 여부를 다른 이용자들에게 알려주려고 알림 서비스를 조직했던 브뤼셀의 사례처럼, 여기에는 '불법적인' 수단들도 포함된다. 이들은 집단적으로 개입함으로써 교통 시스템과 수혜자 사이의 격차를 문제시하였다. 이는 더이상 개인의 도덕적 계약이 중시되는 권리를 부여하는 문제가 아니라, 교통 시스템을 정치적 공간으로 전환하는 문제다. **왜냐하면** 이는 집단적 문제이기 때문이다.

이러한 운동의 출현은, 그것의 정당성과 관계없이 대중교통 질서를 정확하게 뒤집었다. 왜냐하면, 대중교통에 있어서 고객 그리고 고객의 선택이라는 이미지를 깨뜨린 동시에 교통 문제를 고용시장에 대한 접근성 문제와 완전히 떨어뜨려 놓았기 때문이다. 이동의 문제를 정치적으로 불러일으키기 위해서 말이다. 아직도 이 운동은 이런 식으로 진행되며 싸우고 있다.[9] 일단 재정 부족 문제를 적당히 떼어 놓고

거나 개인적이 아니라 오히려 집단적이고 협력적이라는 확신을 부여했다. (http://cst.collectifs.net/)

9 브뤼셀의 통신운송 회사인 STIB는 CST(티켓 없는 교통 모임)의 어떤 형태의 요구도 거부하고 있으며, 심지어 무료 운송과 관련된 논쟁도 금지하고 있다. 더 구체적으로 말하자면, 모임 멤버들과 STIB 직원들 사이의 어떤 종류의 관계도 'STIB의 사규'로 금지하고 있다. 고객과 서비스 제공자 사이의 대립은 제재되는 반면 법리에 의해 경쟁되는 것은 집단적 합의로서의 공공 서비스. 그렇게 함으로써 그것의 '자유성'은 궁극적으로 서비스 제공자에 의해 만들어지기보다는 특정한 '공익성'에 양보될 수 있는 것이 된다.

보면, 관리자는 흐름의 통제에 확실히 근거해서 해결책을 만든다(언제나 파괴자나 침략자가 되기 쉬운 부랑자와 움직이는 합리적인 이유가 있다고 가정되는 노동자/소비자 사이의 분별은 고려되지 않는다).

공명과 간섭

따라서 모빌리티에 대한 권리를 둘러싼 모든 문제, 논리, 정책들은 **암구호**watchwords와 **암호**passwords 사이의 대조를 강조한다.[10] 한 번 사용된 '모빌리티에 대한 권리'라는 암구호는 (대개는 외부 전문가의 관점에서 표현된) 넓은 범위의 금지령에 속하게 된다. 이 금지령은 서로를 반영하고(모빌리티 의무, 노동 의무, 개인 책무) 다양한 사회적 변화, 신체적 변화, 또 행동의 변화와 연결되어 있다. 하지만 역설적이게도 모빌리티에 대한 권리는 이질적인 암호로 바뀌어 버릴 수 있다. 구체적인 상황이나 쟁점에 기반한 균열이나 협력 혹은 새로운 사고방식으로 출현하면서 말이다. '모빌리티에 대한 권리'를 현실화하려는 이

공공도로 관리에서도 관찰할 수 있는 이러한 현대적인 전도에 대해 우리는 라비알(2003)의 공헌을 참조할 수 있다. Lavialle (C.), "La gratuité et e domaine public," in Koubi (G.), Guglielmi (G.J.), dir., *La Gratuité, une question de droit?*, Paris, L'Harmattan, 2003, pp.197-216.

10 Deleuze (G.), Guattari (F.), *Mille plateaux. Capitalisme et schizophrénie 2*, Paris, Minuit, 1980, pp. 95-109.

같은 열망은 이제 간섭의 원천으로서 지배적인 암구호에 간섭하는 원천으로서 작동한다. 말과 행동은 때때로 새로운 생각들이 **들어오게** 하여 '모빌리티와 함께 살아가는' 전례 없는 방법을 만들어 낸다. 이 새로운 방법은 통일된 상태와는 거리가 먼 여러 가지 다양한 경험으로서 나타난다. 그러므로 특정한 행위자와 투쟁자를 대신해서 이런 암호들을 공식화하는 것이 우리의 역할은 아니지만, 우리는 적어도 암호들을 최우선으로 고려할 수 있고 따라서 모빌리티에 대한 진정한 집단적 이해의 발전에 박차를 가할 수 있다.

마리아 엘레나 두치|*Maria Elena Ducci* *

이동하는 사람들: 불평등한 도시 속 모빌리티
– 칠레 산티아고의 경우

People in
Movement:
Mobility in an
Unequal City
—The case of
Santiago de Chile

* 건축학부 교수 겸 연구원, 가톨릭대학교 디자인도시연구소, 칠레

오늘날 도시 역학을 이해하는 데 중요한 주제인 모빌리티에 대한 논의는, 아직 합의를 도출하지 못한 채 열려 있다.[1] 모빌리티는 도시 생활을 좀 더 정의롭게 만드는 데에 필수적인 기본 인권으로 생각된다.[2] 그리고 모빌리티를 가장 필요로 하는 사람들이 오히려 모빌리티로부터 점점 배제되고 있는 모빌리티 **부족** 현상을 생각한다면, 이는

1 Sheller (M.), Urry (J.), "The new mobilities paradigm," *Environment and Planning, A* 38(2), 2006, p. 207-226.; Módenes (J. A.), *Movilidad espacial, habitantes y lugares: retos conceptuales y metodológicos*, Estudios Geogr., LXIX, 264, 2008, pp. 157-178.

2 Borja (J.), *La ciudad conquistada*, Madrid, Alianza editorial, 2003.; Ibid, "Siete puntos para el debate ciudadano," Revista la factoría(http://www.revistalafactoria.eu), 2010.; Orfeuil (J.-P.) (dir.), *Transports, Pauvretés, Exclusions*, L'Aube, 2004.

새로운 형태의 불공정함과 배제[3]와도 연결될 수 있다.[4] 우리가 분석을 위해 선택한 방법은 "우리를 이끄는 활동과 장소에 접근할 수 있는 가능성"[5]으로 정의되는 새로운 개념인 '모틸리티motility'의 구조 안에서 접근하는 것이다.

이 글에서 우리는 칠레 산티아고 같은 라틴아메리카 도시에서 사람들이 사용하는 다양한 방식과 수단들을 검토하면서 어떻게 다양한 사회집단들이 이동하고 돌아다니는지 살펴볼 것이다.[6] 도시에서 인

3   Shove (E.), Rushing around: coordination, mobility and inequality, http://www.comp.lancs.ac.uk/sociology/papers/Shove-RushingAround.pdf, 2002.; Olivera (L.), Mignot (D.), Paulo (C.), "Daily Mobility and Inequality : The Situation of the Poor " in *Built Environment, n° 30(2)*, juin 2004, pp. 153-160.; Lévy (J.-P.), Dureau (F.) (dir.), *L'Accès à la ville: les mobilités spatiales en questions*, Paris, L'Harmattan, 2002.; Delaunay (D.), *Relaciones entre pobreza, migración y movilidad: dimensiones territorial y contextual*, Revista Notas de Población (84), October 2007, pp. 87-130.; Jirón (P.), "Immobile mobility in Daily Travelling Experiences in Santiago de Chile," in *The Cultures of Alternative Mobilities*, (edited by P. Vannini), London, Ashgate Publishing Co., 2009.; Jirón (P.), Lange (C.), Bertrand (M.), "Exclusión y desigualdad espacial: retrato desde la movilidad cotidiana," revue *INVI*, Vol. 25, n° 68, 2010.

4   Fitoussi (J.-P.) et al., *Ségregation urbaine et intégration sociale*, Paris, La Documentation française, 2004.; Le Breton (E.), *Bouger pour s'en sortir. Mobilité quotidienne et intégration sociale*, Paris, Armand Colin, 2005.; Le Breton (E.), *DomicileTravail. Les salariés à bout de souffle*, Paris, Les carnets de l'Info, 2008.

5   Kaufmann (V.), Jemelin (C.), *La Motilité, une forme de capital permettant d'éviter les irréversibilités sociospatiales?*, École Polytechnique Fédérale de Lausanne (EPFL), Laboratoire de sociologie urbaine (Lasur), 2004.; Kaufmann (V.), "Motilité, latence de mobilité et modes de vie urbains," in *La Ville aux limites de la mobilité* (edited by M. Bonnet & P. Aubertel) Paris, PUF, 2006, pp. 223-233.

6   이 연구에 사용된 방법론과 자료 및 분석은 학생 그룹에 의한 '참여 계획'(2009, 2010), '위험 환경에서의 거주성'(2009, 2010)에 대한 연구와 더불어 산티아고에서 수행된 다양한 연구에 기초해 있다. 이 연구들에는 현장 분석, 평면도 측정, 다양한 도시 지역 주민과의 인터뷰가 동원되었다. Lange (C.),

구의 이동을 불러오는 주요 활동은 노동, 학업, 쇼핑, 여가 활동이다. 부유층, 중산층, 그리고 사회적 약자들이 이러한 다양한 활동에 어떻게 참여하는지 살펴보자.

고급 차량을 이용한 여행: 시간과의 싸움

부유층에게 매일 출근한다는 것은 고급 주택이 늘어선 산티아고 북동쪽 교외(코딜레라 기슭)에서 대기업, 은행, 금융기관 사무실이 있는 비즈니스 지역까지 이동하는 것을 의미한다. 은행과 관공서(정부 부처)의 본부는 항상 도심에 위치하지만, 대부분의 기업체는 동부의 새로운 도심지인 엘 보스트-이시도라(흔히 '샌해튼'으로 알려져 있다)에 위치해 있다. 오늘날 칠레의 상징이 되고 있는 칠레에서 가장 높은 두 개의 빌딩(50층 이상)이 현재 이곳에 건설되고 있다. 1~2년 뒤에는 이 지역이 전국에서 가장 혼잡한 지역이 될 것이며, 해결 불가능한 도시 혼잡 문제가 나타날 것이다.

Espacios públicos, movilidad y sujetos urbanos. Estudio de caso: eje El Golf —Apoquindo. Tesis paraoptar al grado de Magíster en Desarrollo Urbano Instituto de Estudios Urbanos y Territoriales, P.U.Católica de Santiago, 2004.

부유층 학생들이 다니는 고등학교와 대학들은 도시 북동쪽의 주거 지역에 위치하는데, 그렇다고 해서 반드시 주택과 가까운 것은 아니다. 게다가 라틴아메리카 도시들에 만연한 치안 부족 문제 때문에(산티아고는 그중 가장 안전한 도시 중 하나지만) 대부분의 학생들이 먼 거리를 자가용으로 이동하며 출퇴근 시간에 엄청난 교통체증을 유발한다.

이들은 자신의 소비 욕구에 따라, 역시 자동차로 접근해야만 하는 도시 북동부 슈퍼마켓이나 쇼핑센터 및 쇼핑 거리를 자주 오간다. 이 공간은 산티아고의 다른 지역들과 그렇게 다른 곳도 아니지만 그 분위기만큼은 참 다르다. 여기에는 이 도시에서 가장 비싼 식당과 소수의 특권층이 있다.

이곳의 모든 목적지들은 자동차로만 접근할 수 있도록 설계되었다. 도시의 계속된 성장과 도로 위 자동차 증가로 이제는 해결할 수 없게 되어 버린 자동차 포화 문제 앞에서, 인구의 한 부분은 이런 식으로 점점 희생자가 된다.[7] 또한 라틴아메리카에서는 자가용이 사회적 지위의 상징이기 때문에, 모든 것이 이를 염두에 두고 설계되었다는 점을 고려해야만 한다. 대중교통 서비스가 존재하긴 하지만 부유층은 안전

---

7 2005년과 2009년 사이에 칠레의 도로 위 차량 수는 50만 대에서 313만 6,095대로 증가했으며, 이 중 42.25퍼센트(132만 5천 대)는 도시에서만 다녔다(INE, 2009). 2008~2009년 신차 판매 증가율 84.3퍼센트를 감안하면 교통혼잡은 늘 수밖에 없음을 알 수 있다. (Chile Hoy, May 25, 2010, http://chilehoy.blogspot.com/2010/05/).

과 보안 문제를 더 중시하므로 대중교통을 이용하지 않는다.

교통체증을 해결하기 위해 지난 수십 년간 산티아고는 막대한 재정을 쏟아부었지만, 끊임없이 도시 고속도로를 건설하는 형태로 해결하고 있기 때문에 오히려 업무 지대의 혼잡은 증가하고 있으며, 정부를 계속 압박하는 상류층을 아직은 만족시키지 못하고 있다. 지난 30년간 정부는 부유층의 정치적 지지를 유지하기 위해 자가용 사용을 선호할 수밖에 없었다.

요컨대 부유한 인구층은 자가용으로 이동하며, 편안한 삶을 유지하기 위해 세련되고 외딴 주거지역을 선택한다. 쇼핑센터 역시 이 지역에 만들어져서 높은 금액으로 서비스와 사무 공간을 제공하며 교통혼잡의 새로운 원인이 된다.

소비를 위한 모빌리티: 중산층

산티아고에서 중산층은 그들의 출신과 교육 수준 등의 요인에 따라 매우 다양한 방식으로 움직인다. 대중교통 시스템이 믿을 만하지 못한 데다가, 이렇게 성장 중인 집단에게는 사회적 지위가 굉장히 중요하기 때문에 자동차 사용은 그들이 투쟁을 해서라도 꼭 쟁취해야만 하는 권리다. 그렇다 하더라도 교통 문제의 증가는 그들의 습관을 바꿔 놓기도 한다. 도시를 돌아다닐 수 있는 방법은 다양하다. 자동차를 이용하거나 지하철이나 다른 대중교통 수단을 이용할 수도 있다.

좀 더 통합적인 도시 지역에 사는 중산층 가족의 학령기 자녀는 걷거나 대중교통을 이용해서 돌아다닌다. 하지만 외곽에 사는 가족이라면 자동차로 움직여야 하므로 도시의 교통체증은 늘어난다. 학생들은 얼마나 멀리 가야 하는가에 따라 자가용을 이용할지 대중교통을 이용할지를 본능적으로 결정한다.[8]

중산층은 슈퍼마켓이나 대형 상점을 훨씬 더 자주 이용한다. 쇼핑 지역 방문은 일상적이고 반복적인 활동으로서 가족의 '주말 나들이'로 여겨지는 경우가 많다. 중산층 동네의 쇼핑센터는 부유층 지역의 쇼핑센터와 동일한데, 중산층은 과거 마을 광장에 나갔던 것처럼 그곳에 들른다. 그곳은 보고 또 보여지면서 쇼핑하는 공간인 동시에 여유롭게 산책하는 곳이다. 마찬가지로 이들은 영화관, 극장, 식당에 매료되어 쇼핑센터 내의 멀티플렉스 극장이나 '파티오' 식당과 같은 복합 공간에 모이는 경향이 있다. 또는 오래된 동네였다가 쇼핑 거리로 변모하고 있는 벨라비스타Bellavista, 이탈리아Italia, 라스타리아Lastarria 같은 특정 도시 지역으로 모인다.

---

8 2002년 인구조사에서 미국 학생 70퍼센트가 명문대에 다니지 않은 가정 출신이라는 사실이 밝혀졌다는 것은 흥미롭다(Castells, 2005). 이는 미국에 새로운 중산층이 출현했다는 증거다. Castells (M.), *Globalización, Desarrollo y Democracia: Chile en el contexto mundial*, Santiago de Chile, Fondo de Cultura Económica, 2005.

이들은 출근하거나 가족 나들이(쇼핑과 레저)를 할 때 대중교통을 이용할 수 있음에도 불구하고 자가용을 이용한다. 주말이면 심해지는 교통체증이 이를 말해 준다.

모빌리티가 사치인 경우

라틴아메리카에서 모빌리티는 비용이 많이 든다. 따라서 여기에 접근할 수 없는 소외계층은 이동을 최대한으로 줄이게 된다. 이는 결국 그들의 삶의 질에 부정적인 영향을 미치고 빈곤에서 탈출하지 못하게 만든다.

노동자 계층에서는 특히 성별 차이가 두드러지게 관찰됐다. 가족을 책임지는 남성은 집에서 멀리 떨어진 곳으로 일하러 가기 때문에 (건설 현장이나 공장, 다른 형태의 육체노동) 직장에 가기 위해 먼 거리를 이동한다. 자녀를 계속 돌봐야 하는 여성은 안정된 직업을 구할 기회가 더 없어진다. 만약 가사도우미 같은 일자리를 찾았다면 자신의 집에서 멀리 떨어진 중산층 동네로 출근해야 한다. 이렇게 되면 자녀 교육에 신경을 쓸 수 없고, 아이들이 마약이나 비행, 폭력의 세계에 진입하기도 쉬워진다. 이 문제는 이 사회적 계층에서 점점 증가하는 위험 요소다. 이 사회적 범주의 여성들에게 인기 있는 또 다른 직종은 소규모 사업체를 운영하는 것이다. 이 경우 대개 집의 1층에 상점을 내므로 도시로 출근할 필요가 없다. 이런 형태의 소규모 사업체는 영세한 동네에서 아주 흔하다.

대부분의 경우 노동 계층의 자녀들은 동네 안에서 학교에 다니므로 아이들은 돌아다니기가 쉽다.[9] 예산이 빠듯한 노동 계층 가정의 소비 습관은 국지적으로 동네 안에서 형성되는 경향이 있다. 이들은 가까운 상점에 걸어가서 소비한다. 이렇게 소비하면 한 번에 적은 양을 구입하지만 슈퍼마켓이나 대형 상점에서 구매하는 것보다 더 비싸게 사게 된다. 이는 빈곤의 순환을 깨뜨리지 못하게 하는 모순들 중 하나다. 돌아다니는 데에 드는 고비용을 피하려고 결국 더 낮은 품질의 제품을 더 높은 가격으로 사게 되는 것이다.

합리적인 가격으로 신선한 상품을 제공하는 요일 장터는 인기 있는 또 다른 쇼핑 장소다. 이 시장은 동네를 옮겨 다니며 친목과 교환, 그리고 만남의 네트워크를 형성하여[10] 일종의 '가난한 사람들의 쇼핑 지역'[11]이 된다. 이와 동시에 여성들에게 고립과 고독에서 벗어날 수

---

9 공립학교의 교육수준은 너무 낮아서 젊은이들이 이런 빈곤의 순환에서 벗어나기 어렵다. 경쟁력을 갖추지 못하게 되므로 더 나은 직업을 찾고 성공할 가능성이 제한된다.

10 Salazar (G.), *Ferias libres: espacio residual de soberanía ciudadana*, Santiago de Chile, Ediciones SUR, 2004.; Segovia (O.), "Espacio público y ciudadanía: una mirada de género," in *Ciudades para varones y mujeres. Herramientas para la acción*, Ed. Ana Falú, 2002.; Ducci (M. E.), "Chile: The Dark Side of a Successful Housing Policy," in *Social Development in Latin America* (edited by J. Tulchin & A. Garland), Boulder, Lynne Rienner Publishers, 2000.

11 *Habitabilidad en territorios Vulnerables*, Pontificia Universidad Católica de Chile, 2010.

있는 기회를 제공한다. 이동 수단에 비용이 많이 들기 때문에 여가 활동에 쓸 비용은 거의 남지 않는다. 가족 단위 방문은 이따금씩만 누릴 수 있는 사치다. 지난 10년간 개발 정책의 결과물인 소형 아파트는 주민들이 집에서 손님을 맞거나 파티를 열 수 없게 하여 가족 모임도 불가능하게 만든다.

게다가 이 지역에는 여가 활동과 산책을 위한 공간이 없다. 노동 계층 동네의 공공 광장은 텅 비어 있어서 여성과 아이들이 앉아서 쉬거나 평화롭게 놀 곳이 없고 여름에 더위를 식힐 곳도 없다. 또한 이 지역에는 문화 활동을 할 만한 영화관이나 문화센터도 없다. 스포츠 활동은 철조망으로 둘러싸인 공터에서 할 수 있는 축구 시합(무료 **아님**)뿐이다. 만남과 모임의 장소가 부족하다는 사실은 여성 고립의 주요 원인으로 작용하며, 이 지역 여성들에게 관찰된 심각한 우울증의 원인이다.[12]

---

12 Who, Goldberg (D. P.), Lecrubier (Y.), "Form and Frequency of Mental Disorders across Centres," in *Mental Illness in General Health Care: An International Study*, edited by Üstün (T.B.), Sartorius (N.), Chichester, John Wiley & Sons, 1995, pp. 323-34.

불충분함에서 기인하는
속도 추구와 소비주의

각각의 사회계층은 각자의 필요에 따라 움직인다. 누군가는 자동차로 유료도로를 달리며 먼 거리를 이동하고 누군가는 대중교통으로 목적지까지 천천히 이동하면서, 모두 도시의 혼잡한 도로를 이동한다. 이는 전반적으로 "사회적·문화적·경제적·물리적 장벽으로 나뉘어 이동과 사회화의 시간과 방법 및 수단이 결정되기 때문에 서로 만나지 않은 채로 혼재된 사람들이 사는"[13] 평행 도시 안에서 모두가 이동하고 있다는 인상을 준다.

어떤 사회계층에 속해 있는지와 상관없이, 사람들이 일상의 이동에서 즐거움을 느끼지 않는다는 사실은 분명하다. 반대로 인구의 대다수는 점점 심해지는 교통체증에서 벗어나기 위해 노동과 학업, 소비, 휴식, 여가의 공간과 더 가까이 살기를 원한다. 안전하고 안정된 보행길을 갖춘 동네를 표방하는 도시개발의 새로운 추세에도 불구하고, 라틴아메리카에서는 자동차를 위해 건설되는 구식 도시 모델을 계속 재생산하고 있다. 이들 도시에서 삶의 질 향상은 모빌리티의 유동성에 달려 있다. 전 세계 연구자들은 이 문제에 주목했고, 결국 자동차

---

13 Jirón (P.), 앞의 책, 2009.

를 더 적합한 다른 이동 수단으로 대체해야 한다고 결론지었다.[14]

소외계층 배제 문제가 도시에서의 이동 수단에 크게 좌우된다는 생각은 21세기 도시에는 적용되지 않는다. 교통혼잡과 대기오염 문제 외에도, 교통체증으로 인한 스트레스와 시간 낭비 문제가 급격히 정부의 골치를 썩이는 공중보건 문제인 동시에 경제 문제가 되고 있다. 해결책은 도시에서 자동차 이동 능력을 증가시키는 것이 아니라, 더 나은 삶의 질을 얻기 위해 도시 사람들에게 더 적합한 이동 방법을 제공하는 것이다.

우리 사회와 도시의 불평등을 없애거나 최소한 감소시키기 위한 공공 정책은, 공교육을 근본적으로 개선하고 노동 계층 동네에 휴식 공간을 조성하고 지역문화를 활성화시키는 양질의 문화 프로그램을 도입하려고 노력하는 것만큼, 개인의 이동(이것 역시 중요하지만)을 편리하게 만들려고 노력해서는 안 된다. 거리에 선 장터와 시장을 지역 소비주의와 공동체 의식 함양의 기회로 이용하고, 수용 가능한 수준의 교통량을 유지시키고, 도시에서 더 나은 삶의 질을 누릴 수 있게 노력하는 것, 이것이야말로 더 평등하고 정의로운 사회를 향한 발걸음이다.

---

14 Comunida Económica Europea의 '스마일 프로젝트'(SMILE Project), 산티아고의 'Centro de Transporte Activo de Ciudad Viva', 지속가능한 발전을 위한 World Business Council(WBCSD) Sustainable Mobility Project(SMP)은 이 문제를 다루고 있는 기관이다.

존 어리*John Urry* *

탄소 자본주의와 석유의 저주

Carbon Capitalism
and
the Curse of Oil 1

* 랭커스터대학 사회학 교수, 영국

지난 30년간 신자유주의 흐름 속에서 막대한 탄소 배출 공간들이 우후죽순 생겨났다. 두바이 같은 투기적 개발은 유명 건축가들을 포함한 대규모 인프라 프로젝트였기에 가능한 일이었다. 이와 연관된 새 교통 시스템은 일반적으로 공공 재정으로 부담해 건설한다. 이런 장소를 건설하는 데는 막대한 물과 전력, 건축자재가 들어간다. 간척지(마카오, 두바이)나 사막(라스베이거스, 그란 스칼라, 아부다비)에 건설하기 때문이다. 이런 현장들은 그들이 복제한 원본보다 훨씬 더 '리얼한' 모조 환경들로 둘러싸여 고도로 상업화된다. 디지털화된 입구는

---

1 이 글은 원출처는 다음과 같다. Urry (J.), *Climate Change and Society* Cambridge, Polity, 2011.

신용이 불량한 방문객이나 지역 주민의 출입을 막는다. 행동 규범을 규제하는 것은 가족이나 이웃이 아니다. 이런 장소에서 사람들은 제한적인 소비 방식을 가진 인근 지역을 뛰어넘어, 돈을 쓰는 한 죄책감 없이 즐거움을 누린다. 게다가 이런 장소들은 거의 해변(혹은 사막) 근처에 있다. 두바이의 대규모 건설 프로젝트에서는 여러 '인공' 섬을 통해 '해변'을 확대했다. 어떤 경우는 섬 전체가 안전한 과잉 소비 장소가 되기도 한다. 실제로 "카리브해 섬들은 억만장자 전용 휴양지로 지정되고 있으며 지역사회와 정부의 통제와 통치에서 벗어나 있다."[2] "억만장자에다가 요트를 소유하고 전용기를 타고 날아다니는 글로벌 엘리트를 위한 카리브해의 신자유주의적 재공간화"[3]라고 말할 수 있겠다.

이러한 '보물섬'은 대개 규제되지 않는 면세 역외 경제를 만들어 내는데, 이 '역외 지역'은 사이버 공간과 물리적 공간의 결합을 통해 구성된다.[4] 이러한 역외 지역은 신자유주의, 출입이 통제되는 리조트

2　Sheller (M.), "The new Caribbean complexity: mobility systems and the re-scaling of development", *Singapore Journal of Tropical Geography*, 2008, 14: pp. 373-384.

3　Sheller (M.), "Infrastructures of the imagined island: software, mobilities, and the new architecture of cyberspatial paradise", *Environment and Planning A*, 2008, 41: pp. 1386-1403, p. 1396. 데이비스와 몽크는 전세계 역외 조세피난처 규모가 영국의 GDP 10배 규모라고 말한다. "Introduction", in *Evil Paradises*, New York, The New Press, 2007, p. 9. 다음 책을 참고할 수 있다. Ronen Palan, *The Offshore World*, New York, Cornell University Press, 2003.

4　Shaxson (N.), *Treasure Islands*, London, Random, 2011.

개발, 억만장자를 위한 관광, 공공 인프라 붕괴, 의심스러운 부의 유입을 가능하게 하여 당국의 탈세 감시를 피한다. 신자유주의 시대에는 과잉 생산, 막대한 탄소 배출, 민영화 체제가 지배적이게 된다.

이처럼 탄소를 많이 소비하는 모바일 생활이 억만장자에게만 해당되는 이야기라고 생각할 수도 있다. 하지만 막대한 탄소 배출은 부유한 북부 국가들 모두에게 해당되는 사안이다. 첫째로, 이런 장소들은 개발의 범례가 된다. 다른 곳의 개발자들이 이를 모방하여 테마 레스토랑, 저가 리조트, 교외 쇼핑몰 등 탄소 과잉 장소들을 보급화한다.[5] 둘째, 이런 장소 중 많은 곳들이 부자들을 '역외 장소'로 끌어들인다. 그래서 지방정부의 세수가 줄고 공공 지원, 특히 저탄소 조치의 수준과 규모가 낮아진다. 셋째, 이러한 소비 공간들은 '분열된 도시주의'를 낳아 결국 많은 사람들을 배제하고 전 세계적으로 공공 공간의 이용 가능성을 줄인다.[6] 넷째, 이런 공간들의 개발은 모빌리티 분야를 더욱 확대시키고 부자들의 경제적, 인적 자본과 가난한 사람들의 경제적, 인적 자본 사이의 불평등을 더욱 심화시킨다. 다섯째, 억만장자들을 위한 이 꿈 같은 세계는 전 세계 미디어와 여행을 통해 이와 비슷한 경험에 대한 욕망을 발생시키는 삶의 모델을 제공한다. 데이비

---

5 Sheller (M.), "Always turned on", in Anne Cronin, Kevin Hetherington (eds), *Consuming the Entrepreneurial City*, London, Routledge, 2008, p. 123.

6 Graham (S.), Marvin (S.), *Splintering Urbanism*, London, Routledge, 2001.

스Davis와 몽크Monk는 이런 "꿈 같은 세계들은 무한한 소비, 완전한 사회적 배제와 물리적 보안, 그리고 건축적으로 기념비적인 가치에 대한 욕구를 불사른다"고 주장한다.[7] 우리는 여기에 원거리 에너지 낭비의 장소들에서 살고 경험하는 고탄소 비용 삶을 추가할 수 있을 것이다.

하지만 가장 중요한 것은 이 장소들이 모두 석유에 의존하고 있다는 점이다. 세상은 석유로 돌아간다. 오늘날 세계경제는 값싸고 풍부한 석유에 깊이 의존하며 그 안에 뿌리박혀 있다. 대부분의 산업, 농업, 상업, 내수 경제 시스템은 풍부한 석유 공급, 곧 '검은 금'을 중심으로 구축된다. 이제 탄소 자본주의의 석유 중심주의에 대해 검토할 차례다.

갈수록 이동이 늘어나는 20세기는 값싸고 풍부한 '모바일' 석유에 의존하고 있었다. 근대적 삶의 '사회적 행위' 대부분은 사람(통근자, 여행객, 가족과 친구 모임)과 사물(물과 음식을 포함해서)의 규칙적이고 예측 가능한 장거리 이동을 불러왔다. 이런 양상은 반복적 일상이 되었고 미국에서 시작해서 널리 퍼져 나갔다.

따라서 오늘날 전 세계의 경제와 사회는 값싸고 풍부한 석유에 의존하게 되었다. "석유는 사람, 원자재, 식품, 공산품의 이동, 국내와

---

7 Davis (M.), Monk (D. B.), "Introduction", in *Evil Paradises*, New York, The New Press, 2007, p.15.

전 세계 모든 이동의 원동력이다."[8] 놀라우리만치 다목적적이고 편리한 석유는 1970년대 초반까지 20세기 동안 비교적 저렴했다. 석유는 많은 식료품을 비롯하여 지구상에 움직이는 거의 모든 것들과 플라스틱 형태로 만들어진 모든 공산품에 필수적인 것이 되었다.[9] 전 세계 운송 부문의 석유 의존도는 적어도 95퍼센트에 달하는데, 이는 전체 석유 소비량의 약 절반에 해당하며 전체 에너지 소비량의 약 5분의 1이다. 상점에서 판매하는 모든 상품의 95퍼센트는 석유를 포함한다. 석유 생산의 연평균 성장률이 2퍼센트를 넘었다.[10]

그러나 21세기에 석유는 큰 골칫거리다. 첫째, 석유의 광범위한 사용은 온실가스를 배출해 기후변화에 영향을 미친다. 존 데시코John DeCicco와 프리다 펑Freda Fung은 "미국 자동차가 지구온난화의 가장 큰 원인 중 하나"라고 말한다. 부분적으로는 '석유 의존' 세기 동안 개발된 이 "휘발유 잡아먹는 차"들이 더 많은 배기가스를 발생시키기

8 Homer-Dixon (T.), *The Upside of Down. Catastrophe, Creativity, and the Renewal of Civilization*, London, Souvenir, 2006, p. 81.

9 Maass (P.), *Crude World. The Violent Twilight of Oil*, London, Allan Lane, 2009, p. 194.; Heinberg (R.), *The Party's Over: Oil, War and the Fate of Industrial Society*, New York, Clearview Books, 2005, chapter 2 on 20th century "party time".

10 Kahn Ribeiro (S.), Kobayashi (S.) and al: *"Transport and its infrastructure in Climate Change 2007: Mitigation. Contribution of Working Group III to the Fourth Assessment Report of the Intergovernmental Panel on Climat Change"*, Cambridge, Cambridge University Press, 2007, p. 325.; Pinchon (P.), *"Future Energy Sources for Transport: Background"*, Brussels: Future Energy Sources for Transport, 2006; Leggett (J.), *Half Gone. Oil, Gas, Hot Air and Global Energy Crisis*, London, Portobello Books, 2005, p. 21.

때문이다.[11] 둘째, 석유 공급은 한정되어 있다. 그래서 이미 전 세계 석유, 그러니까 휘발유와 등유 매장량의 최고치에 이미 도달했거나 가까워졌다고 보는 의견이 많다. 셋째, 기기 장치에 기반한 이동의 경우 지금까지 석유를 제외한 대체 에너지원이 없으며, 이를 대체할 수 있는 플랜 B는 없다.

따라서 인류 역사의 '석유기'는 '석유 의존'의 짧은 세기(20세기)로 끝날 수 있다. 에너지는 점점 더 비싸질 것이고, 특히 세계 인구가 계속 급증하면서 부족 현상이 빈번하게 발생할 것이다. 개발도상국, 특히 중국과 인도의 수요가 빠르게 증가하고 있다. 1999년부터 2004년까지 중국의 석유 수입량은 2배로 뛰었고, 이제 중국은 두 번째로 석유를 많이 사용하는 나라가 됐다. 만약 중국이 미국의 자가용 보유 수준에 도달할 경우 "2003년 전 세계 자동차 판매량보다 50퍼센트 많은 약 9억 7천만 대의 자동차를 보유하게 될 것이다."[12] IMF는 중국의 자동차 수가 2005년 2,100만 대에서 2050년 5억 7,300만 대로 증가할 것으로 내다보고 있으며, 이는 이 기간 동안 거의 6배가량 증가할 것으로 예상되는 세계 자동차 증가량의 한 부분을 차지한다.[13] 쿤스틀

---

11 DeCicco (J.), Fung (F.), *Global Warming on the Road*, Washington: Environmental Defense, 2006, p. 1. 일본과 중국의 아시아 자동차 제조업체들은 석유가 나지 않는 환경에서 일하고 있기 때문에 훨씬 연료 효율이 높은 자동차를 개발했다.

12 Girardet (H.), *CitiesPeoplePlanet*, Chichester, WileyAcademy, 2004, p. 136.

13 Chamon (M.), Mauro (P.), Okawa (Y.), "Mass car ownership in the emerging market giants",

러Kunstler는 현재와 같은 수요 증가 속도로 중국이 10년 안에 석유 수출 가용량의 100퍼센트를 소비할 것으로 추산한다. 여기에는 세계 다른 곳의 석유 수요 증가와 세계적 생산 감소는 고려되지 않았다.[14]

현재 자동차를 소유하지 않는 세계 인구의 85퍼센트가 자가용 이용을 전제로 하는 사회적 관행에 따라 가능하다면 차를 사게 될 것으로 보인다. 개발도상국의 많은 사람들이 '서구적인' 수준으로 자가용을 보유하게 된다면, 이것은 국내 교통 인프라, 도로 안전, 세계 연료 자원, 지구환경, 그리고 무엇보다도 기후변화를 결코 막을 수 없게 될 것이다.[15]

석유 공급은 비교적 소수의 국가들에 점점 더 집중되고 있어 공급 불균형을 더하고 있다. 전문가들은 석유의 기술적 정점에 대해서는 덜 언급하고 정치적 정점에 대해 강조한다. 이러한 정치적 정점은 "테러, 전쟁, 공급국들의 투자 부족, 억제, 심지어 붕괴"로 인해 기술적 정점보다 더 빨리 일어날 것이다.[16] 이 같은 정치 안보 불안은 대부분의 산유국들이 권위주의적 정책과 부패를 통해 내부 테러를 일으

Economic Policy, IMF, 2008, pp. 243-96.

14 Kunstler (J.), *The Long Emergency: Surviving the Converging Catastrophes of the 21st Century*, London, Atlantic Books, 2006, p. 84.

15 Sperling (D.), Gordon (D.), *Two Billion Cars. Driving toward Sustainability*, Oxford, Oxford University Press, 2009, p. 4.

16 위의 책, pp. 120-1.

키는 방식에서 비롯되는데, 송유관이나 정유소들은 테러 공격에 상대적으로 취약해 치명적인 공급 중단을 초래할 수 있다. 로이즈Lloyd's의 최근 주요 보고에 따르면, 석유는 또한 금융시장에서 투기의 대상이 되는 주요 상품이다. 그러한 투기는 석유 공급과 가격을 불안정하게 만들고 에너지 안정성을 감소시킨다.[17]

석유 생산이 정점을 넘어서면 세계경제와 사회의 규모와 전반적인 효율성도 정점을 찍을 것이다. 사실상 거의 모든 제조업, 서비스업, 운송업 등 석유 의존도가 높은 모든 산업에서 대규모 감축이 있을 것으로 보인다.[18]

게다가 기업과 당국을 포함한 여러 석유 이해관계자들은 매장량의 규모를 일관되게 과장하고 있는데, 공식적인 세계 수치는 그들의 추정치에 달려 있다. 셸Shell은 특히 2004년 보유량을 24퍼센트까지 과대평가한 것으로 밝혀졌다.[19] 탄소 이해관계자들은 에너지 시장과 에너지 채광에 대한 규제와 개입에 맞서 로비하고 기후변화에 회의적

---

17 Froggatt (A.), Lahn (G.), *Sustainable Energy Security. Strategic Risks and Opportunities for Business*, London: Lloyd's and Chatham House, 2010, pp.13-5.; Lovins (A.) and al, *Winning the Oil Endgame*, London, Earthscan, 2004, pp. 8-12, on how "oil supplies are becoming more concentrated and less secure".

18 Strahan (D.), *The Last Oil Shock*, London, John Murray, 2007, p. 123.; Homer-Dixon (T.) (ed), *Carbon Shift*, Canada, Random House, 2009, p. 13.

19 Maass (P.), *Crude World. The Violent Twilight of Oil*, London, Lane (A.), 2009, p. 19.; Dodson (J.), Sipe (N.), *Shocking the Suburbs*, Sydney, UNSW Press, 2008, chap 3.

인 재단과 연구기관을 후원하는 방법으로, 석유 고갈이 아직 멀었다는 걸 유지한다.[20] 이와 관련된 한 NGO의 흥미로운 대응법으로 '마을 전환Transition Towns' 운동이 있다. 값싸고 풍부한 석유 시대를 끝내기 위해 조직된 운동으로, '석유 의존으로부터 지역 회복으로' 마을을 전환하는 것이다.[21] 록키마운틴 연구소는 미국이 '석유 종말 게임에서 승리할 수 있도록' 하려면 어떻게 재건되어야 하는지에 대한 전략을 개발하고 막대한 비용을 지불했다.[22]

그러나 전 세계 석유와 에너지 비축량이 전반적으로 감소하고 있는 지금, 예상되는 가장 유력한 미래는 남은 석유를 향해 돌진하는 것이다. 주요 산업 국가들과 기업들은 합법적인, 그리고 때로는 불법적인 수단을 총동원하여 사용 가능한 공급과 유통 경로를 확보하려고 노력할 것이다. 석유는 세계 경제성장과 소비를 지속시키기에는 충분치 않으므로 경기침체, 더 많은 자원 전쟁, 그리고 낮은 인구 증가율을 가져올 것이다.

20 정치적 문제에 관해서는 다음을 참고할 수 있다. Bower (T.), *The Squeeze. Oil, Money and Greed in the Twenty First Century*, London, Harper Press, 2009.; '낙관적 미래파'에 관해서는 다음의 책을 보라. Heinberg (R.), *The Party's Over: Oil, War and the Fate of Industrial Society*, New York, Clearview Books, 2005, pp. 118-33.

21 Hopkins (R.), *The Transition Handbook*, Totnes, Green Books, 2008.; 과거와 현재의 석유 생산을 보여 주는 극적인 그래프는 다음에서 확인할 수 있다. Heinberg (R.), 앞의 책, p. 31. 다음 홈페이지에서는 다양한 예술 행사들과 출판물을 만나볼 수 있다. http://www.platformlondon.org/(accessed 19.08.10).

22 Lovins (A.) and al, *Winning the Oil Endgame*, London, Earthscan, 2004.

미래의 갑작스런 유가 상승은 거의 확실하게 수많은 피의 저항, 치열한 경쟁, 공급 확보를 위한 전쟁을 불러올 것이다. 어떤 대가를 지불하고서라도 필사적으로 석유를 확보하고 있는 두 개의 가장 큰 국가인 미국과 중국의 국가 경제를 생각해 보았을 때 특히 그렇다. 루퍼트Ruppert는 이것이 수십 년 동안 미국의 국내외 정책을 어떻게 망가뜨렸는지를 잘 보여 준다.[23] 그는 특히 값싼 석유 시대의 종말과 미국 제국의 일반적인 쇠퇴를 연결한다. 미국은 알려진 석유 매장량의 11퍼센트를 차지하는 이라크를 침공할 빌미를 만들려고 다방면으로 정권 불안정화에 관여했으며, 아마도 앞으로 사우디아라비아를 상대로도 그럴 것이다. 석유 생산이 감소한 1970년대 이래로 국외의 석유 공급원에 대한 접근을 늘리려는 미국의 노력은 미국 시민들이 '자유'라는 명목으로 운전하고, 에너지 비용이 많이 드는 교외에서 살고, 비행할 수 있도록 중동 석유 이윤을 정복하는 것으로 이어졌다. 엥달Engdahl은 다음과 같이 결론 내렸다. "미국의 대외 및 군사정책은 이제 지구상의 모든 주요 석유 공급원과 운송 경로를 통제하는 것이다. 워싱턴은 자원 전쟁을 벌이고 있는 것처럼 보였다."[24]

---

23 Ruppert (M.C.) *Crossing the Rubicon. The decline of the American Empire at the end of the age of oil*, Gabriola Island, New Society Publishers, 2004.

24 Engdahl (W.), *A Century of War. AngloAmerican Oil Politics and the New World Order*, London, Pluto, 2004, pp. 263-4.; 이 책은 20세기의 어두운 역사에서 석유의 역할에 대한 일반적인 설명을 제공한다.

산유국들은 말할 수 없는 부, 거대한 불평등, 독재정부, 군국화, 부패 그리고 많은 잠재적인 시위와 저항의 현장이다. 로빈스Lovins를 비롯한 연구자들이 주장하듯 "국가는 석유를 발견하면 종종 불안정해진다."[25] 석유 가격이 높을수록 **더 쉽게** 한 사회가 독재적으로 지배되고, 아이러니컬하게도 석유 자체에 대한 접근을 포함한 많은 부분에서 부족을 겪게 될 것이다. 영화에서의 예언처럼 석유에 대한 '세계적 저주'가 있다: **피를 볼 것이다.**[26]

이러한 조건들은 위험한 환경에서 일어나기 쉬운 테러리즘, 혁명, 태만한 노동력을 불러올 수 있다. 오일 피크oil peak[27] 이후의 상황은 세계경제와 사회 규모의 엄청난 축소, '민주주의'에 대한 많은 위협, 불안정한 세계평화, 그리고 부유한 북반구와 북반구의 모빌리티 선구자들이 겼었던 많은 위협들을 포함할 것이다. 석유에 대한 의존을 끝내는 것이 아마도 지구에서 인간의 삶의 질을 유지하는 데 최우선 과제일 것이다.

---

25 Lovins (A.) and al, *Winning the Oil Endgame*, London, Earthscan, 2004, p. 19.

26 *There Will Be Blood* (2007), director Anderson (P.T.). Sperling (D.), Gordon (D.), *Two Billion Cars. Driving toward Sustainability*, Oxford, Oxford University Press, 2009, p. 122, on oil's curse; and Anthony Giddens, *The Politics of Climate Change*, Cambridge, Polity, 2009, pp. 216-9.

27 (역주) 전체 매장량의 절반을 써 버려 석유 생산이 줄어드는 시점.

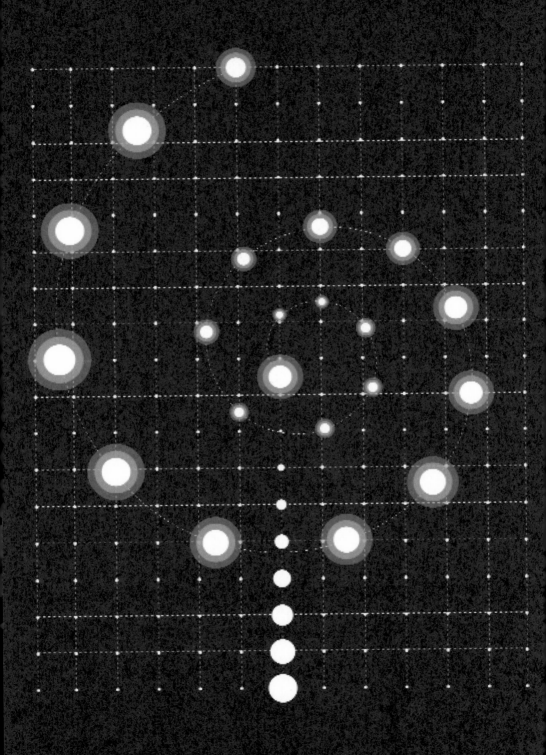

미미 셸러*Mimi Sheller* *

지속가능한 모빌리티의 창출과 모빌리티 정의

Creating
Sustainable
Mobility and
Mobility Justice

* 사회학 교수, '모빌리티 연구 및 정책 센터' 소장, 드렉셀대학교, 미국

이 글은 환경적으로 지속가능한 모빌리티와 모빌리티 정의, 이 한 쌍의 전환에 초점을 맞추고 있다. 일반적으로 지속가능성 개념은 생태적, 경제적, 사회적 원칙을 포함한다. 교통 인프라는 생태기후적 영역('탄소'발자국, 온실가스 배출, 서식지 파괴)과 사회-경제적 영역(평등, 민주주의, 경제 발전) 모두에 영향을 미친다. '모빌리티 정의'는 모빌리티 잠재력으로 정의되는 모틸리티motility에 있어 구조적으로 나뉜 계급과 인종적 불평등 문제를 강조한다. 이는 모빌리티에 대한 접근과 이동에 대한 자기-결정을 둘러싼 기본적인 인권을 결정하는 요소다. 지속가능한 모빌리티와 모빌리티 정의라는 한 쌍은, 미래의 교통 복원력에 있어 중요하며 서로 연결된 개념이다. 현재 지배적인 자동차 모빌리티 시스템의 완전한 전환은 현 시스템의 **비**-지속성을 떠받치고 있는 사회적 불평등 문제에 대해 말하는 동시에 지속가능성에 필수적인 모빌리티 정의를 촉진하기 시작할 때 일어날 것이다. 이러한 이중전환은 기후변화와 재난에 맞서 복원력을 높이기 위해 필요하다.[1]

적극적인 개입과 실험을 보여 주는 핵심 영역 중 하나는, 지배적인 자동차 모빌리티 시스템(주로 온실가스를 발생시키는 내부 연소 엔진, 교외의 무분별한 확장에 기여하는 개인 차량 소유, 대중교통 시스템에 대한 투자 회수에 기여하는 공적 보조금 도로에 근거한 시스템) 대신 좀 더 지속가능한 모빌리티 시스템을 만들어 내고 실행하려는 노력이다. 이와 동시에 불균등한 모빌리티 시스템의 부당성에 대한 강력한 비판도 함께 존재한다. 이 시스템은 다른 사람이 우회하는 동안 일부만이 이용할 수 있는 터널 효과를 생성해 도시를 분할하고 사람(그리고 정보)이 이동할 수 있는 방법, 시기, 위치를 전달한다.[2] 이제 사회적 과제는 지구온난화와 극단적인 기상 현상 및 중동과 북아프리카 산유국에서 드러난 경제적 · 정치적 격동과 같은 다가오는 위협에 맞서, 환경친화적인 모빌리티 시스템과 사회적으로 올바르고 평등한 모빌리티 제공이라는 두 목표를 향해 민주적 전환을 이루어 내는 것이다.

---

1 Graham (S.) (ed.), *Disrupted Cities: When Infrastructure Fails*, London & New York, Routledge, 2009.

2 Graham (S.), Marvin (S.), *Splintering Urbanism: Networked Infrastructures, Technological Mobilities and the Urban Condition*, London & New York, Routledge, 2001.

현대 교통 시스템은 가솔린, 디젤, 항공 연료 등을 막론하고 압도적으로 석유에 의존하고 있어서 온실가스에 큰 영향을 미치며, 이는 세계 기후변화의 주 원인으로 작용한다. 자동차만 따져 보아도 전체 에너지의 9퍼센트, OECD 국가에서 사용되는 석유의 20퍼센트를 사용하고 있으며, 미국에서는 이보다 훨씬 높은 수치를 보인다.[3] 미국의 자가용 보유 대수와 하루 주행 거리 및 이동에 드는 시간은, 최근 경기침체기 동안의 일시적 하락을 제외하고는 계속 증가하고 있다. 미국은 "세계 자동차의 거의 3분의 1이 모여 있고 세계 운송 관련 탄소 배출량의 거의 절반을 생산한다"[4]고 하는데, 이는 세계 자원을 독점하고 있기에 가능한 일이다. 엔진 효율의 50퍼센트 향상은 연료 소비의 강도를 줄이는 방향으로 나아가지 못했다. 대신에 "특히 미국에서 전반적인 동력과 무게를 증가시킴으로써 잠재적 연료 절감분 대부분이 원점으로 돌아왔다."[5]

자전거 인프라나 대중교통의 개선은, 더 많은 사람들이 자전거를 이용하게 된다 하더라도 미국 도시의 환경 전반에 영향을 미치지 못한다. '친환경' 교통수단이 발전하면 고객들은 더 깨끗한 차량을 제공

3 Schipper (L.), "Automobile use, fuel economy and CO2 emissions in industrialized countries: Encouraging trends through 2008?", *Transport Policy* (doi:10.1016/j.tranpol.2010.10.011), 2010.

4 Elliot (A.), Urry (J.), *Mobile Lives*, London & New York, Routledge, 2010.

5 Schipper (L.), 위의 책.

받게 되므로, 기존의 자동차 모빌리티 시스템이 강화되는 경향으로 나아간다. 미국의 도로와 고속도로는 경관을 지배하고 있으며, 압도적인 모빌리티 문화는 자동차 모빌리티를 자유로움의 상징으로서 표준화시킨다. 자동차 모빌리티는 부, 특권, 자유의 이념과 연결된다.[6] 단순히 대중교통을 늘리고, 자전거도로 몇 개를 건설하고, 기존의 자동차 모빌리티에 전기자동차를 추가하는 것은 근본적인 변화를 거부한다. 왜냐하면 이는 자율적 모빌리티라는 근원적인 문화, 자동차 모빌리티에 의해 형성된 공간적이고 사회적인 관계, 개인의 모빌리티와 자유를 동일시하는 문화적 담론을 논쟁의 여지가 없는 것으로 남겨 두기 때문이다.[7]

모빌리티는 결코 자유롭고 해방적인 것이 아니며 "모든 일련의 규칙, 관습 및 규제와 통제의 제도… 체계화된 네트워크"가 새겨져 있는 것이다.[8] 모빌리티 정의와 교통 평등, 그리고 '네트워크 자본'의 분배를 둘러싼 투쟁은 향후 지속가능성을 향한 전환의 핵심이 될 것이다. 엘리엇Elliott과 어리Urry는 네트워크 자본을 적합한 서류 기록, 자금,

---

6 Sheller (M.), "Mobility, Freedom and Place", in Bergmann (S.), Sager (T.) (eds) *The Ethics of Mobilities: Rethinking Place, Exclusion, Freedom and Environment*, Aldershot, Ashgate, 2008, pp. 25-38.

7 Freudendal-Pedersen (M.), *Mobility in Daily Life: Between Freedom and Unfreedom*, Farnham, UK & Burlington, VT, Ashgate, 2009.

8 Amin (A.), Thrift (N.), "Cities: Reimagining, the Urban," *Polity*, Cambridge, 2002, p. 26.

자격을 포함한 이동 가능성의 결합으로 설명한다. 원거리 네트워크에 대한 접근성, 이동을 위한 물리적 능력, 장소와 무관한 정보와 접속 지점, 보안 회의 장소와 통신 장비에 대한 접근성, 공동 작용에 필요한 시간과 기타 자원 등의 결합인 것이다.[9]

이런 점에서 '모틸리티motility'는 "개인이나 집단이 이동과 관련된 가능성을 적절하게 활용하고 사용하는 방식"로 정의할 수 있다.[10] 여기서 모틸리티를 이동 가능한 능력의 불균등한 분배로 개념화해 볼 수 있다. 이는 누가 혹은 무엇이 움직일 수 있고 없는지를 규제하는 법적 구조와 함께, 이동을 위한 물리적 · 사회적 · 정치적 지원과 관련되어 있다. 따라서 모틸리티는 사회, 문화, 경제, 정치, 지리적 권력이 침투하는 가운데 "차별화"되고 불균등하게 제정된다.[11]

예를 들어, 여성의 모빌리티를 명시적으로 제한하는 차별적 관행뿐만 아니라, 여성의 요구를 무심코 간과해 버리는 담론과 정책 네트워크를 포함하는 '젠더 모빌리티gendered mobilities'[12]가 있다. 어린이와

---

9 Elliot (A.), Urry (J.), 위의 책, pp. 10-11.

10 Kaufmann (V.), Montulet (B.), "Between Social and Spatial Mobilities: The Issue of Social Fluidity", in Canzler (W.), Kaufmann (V.), S. Kesselring (S.) (eds) *Tracing Mobilities: Towards a Cosmopolitan Perspective*, Farnham & Burlington, Ashgate, 2008, p. 37-56.

11 Hannam (K.), Sheller (M.), Urry (J.), "Mobilities, Immobilities, and Moorings", *Mobilities* 1, 1, 1-22, 2006.; Cresswell (T.) (2006) *On the Move: Mobility in the Modern Western World*, New York & London, Routledge, 2006.

12 Uteng (T.P.), Cresswell (T.), (eds) (2008) *Gendered Mobilities. Aldershot*, Ashgate, 2008.

노인도 자동차로 확보할 수 있는 '자유'의 여러 공간에서 배제되기 때문에 연령도 중요하다. 인종과 계급 불평등은 네트워크 자본 차별화의 또 다른 중요한 축으로, 이는 모빌리티 권리와 자유에 대한 미국의 오랜 인종, 계급 차별에서 비롯되어 자동차 모빌리티 시대에까지 이어진 것이다.[13] 이동의 자유를 다루든 그 공간에 머물 권리를 다루든 간에, 인종과 계급은 모틸리티의 차별화에 중요하게 작용한다. 버스, 승용차, 식당, 모텔에서의 인종차별은 1950년대에 법적으로 금지되었지만, 인종과 계급 구분은 법적 문서(운전면허증, 여권, 거주권), 개인용 차량과 고급 기반시설, 복잡한 결합의 도구와 시간에 대한 접근성을 포함하여 낮은 네트워크 자본 문제와 강력하게 연결되어 있다. 교통 평등과 관련하여 교통 접근성 차원에서 불평등한 인종, 계급 구분을 강조한 선행 연구가 있다. 크레스웰Cresswell은 이를 '모빌리티 빈곤'이라고 부른다.[14] 그러나 이와 동시에 이 불평등이 미국에서 자동

---

13 Gilroy (P.), "Driving While Black" in, Miller (D.) (ed.), *Car Cultures*, Oxford & New York, Berg, 2001, pp. 81-104.; Mitchell (D.), *The Right to the City: Social Justice and the Fight for Public Space*, New York, Guildford Press, 2003.; Cresswell (T.), 위의 책.; Seiler (C.), "So That We as a Race Might Have Something Authentic to Travel, by": "African American Automobility and Cold War Liberalism", *American Quarterly*, 58, no. 4, 2006, pp. 1091-1117.

14 Bullard (R.), Johnson (G.), *Just Transportation, Dismantling Race and Class Barriers to Mobility*, Gabriola Island, BC, New Society Publishers, 1997.; Bullard (R.), Johnson (G.), Torres (A.), "Dismantling Transportation Apartheid: The Quest for Equity" in, Bullard (R.), Johnson (G.), Torres (A.), eds) *Sprawl City*, Washington, DC, Island Press, 2000, pp. 39-68.; Bullard (R.), Johnson (G.), Torres (A.), *Highway Robbery: Transportation Racism and New Routes to Equity*, Cambridge, South End Press, 2004.

차 모빌리티의 환경적 지속불가능성을 근본적으로 뒷받침하고 있다는 사실을 인식하는 것도 중요하다.

따라서 지속가능성과 모빌리티 정의 사이의 관계를 이론화하려면 건설된 환경뿐만 아니라 문화적 경관에도 자동차 모빌리티의 배치와 운전 관행이 깊이 얽혀 있음을 인식해야 한다. 자동차문화는 혈연, 친목, 거주, 고용의 패턴을 기반으로 구축되는데, 이 모든 것은 바꾸기 쉽지 않은 제도적 환경과 특정하게 구성된 환경에서 일어난다.[15] 이런 지역들은 물리적으로 안정적일 뿐만 아니라, 정서적으로도 가정적인 삶의 형태와 인종 감각에 결부되어 있다. 말하자면 가난한 흑인 동네를 지나가는 대중교통 시스템에 공포를 느끼는 방식으로 말이다. 이는 지배적인 시스템의 문화적 상상력에 들어맞지 않는 바람직하지 않은 다른 모빌리티(공공버스와 같은)의 박탈, 거부, 비난을 동반한다.[16] 대체 모빌리티의 도입이 지속가능성을 촉진하는 데 도움이 될 수 있음에도 불구하고, 이것이 구축된 환경과 사회문화적 관행을 형성하는 담론과 지형의 재구성과 결합되지 않는다면 매우 제한적인 의미만을 갖는다.

교통수단을 선택하는 것에는, 자동차나 자전거 혹은 다른 교통수

---

15 Sheller (M.) "Automotive emotions: feeling the car", *Theory, Culture and Society*, 21(4/5), 2004, pp. 221-242.

16 Jain (S.L.), "Urban Violence: Luxury in Made Space", in Sheller (M.), Urry (J.) (eds) *Mobile Technologies of the City*, London & New York, Routledge, 2006.

단을 사용하는 가족적이고 사교적인 관습에 사회적이고 문화적으로 내재된 감성(감수성)의 일부로 ①자동차로만 접근할 수 있는 특권 지역과 달리 모빌리티 수단이 제한된 빈민가 조성, ②다른 형태의 모빌리티에 비해 자동차 모빌리티 관행을 특권화하는 태도가 모두 포함된다. 예를 들어, 미국에서는 자전거 타기가 하찮게 여겨져 왔고 자전거 타는 사람들은 종종 도로에서 자동차 운전자들에게 무시와 폭력을 당하기도 한다. 잭 퍼네스Zack Furness는 다음과 같이 주장한다. "전후 미국의 재개발은 대도시를 자동차 도시를 탈바꿈시키는 데 도움이 됐을 뿐만 아니라, 국내 지역의 대규모 교외화와 동시에 해외로부터의 지속적인 석유 공급을 보장하는 데 필요한 지정학적 정책을 촉진시켰기 때문에 문제가 있었다."[17] 대규모 교외화는 현재 자동차 모빌리티의 석유 의존성과 지속불가능성에 토대를 제공한 데다가, 미국 도심에 정착한 흑인 및 다양한 이민자 공동체의 모빌리티 권리와 자유를 해치는 인종화와 게토화의 양상을 만들어 냈다.

미국에서 '완전한 거리complete streets'와 대중교통지향개발TOD: Transit Oriented Development, '살 만한 도시livable cities' 운동[18]의 촉진이 지속가능

---

17 Furness (Z.), *One Less Car: Bicycling and the Politics of Automobility*, Philadelphia, Temple University Press, 2010, p. 52.

18 '살 만한 도시' 운동은 특히 자동차 의존도 감소, 보행 환경 개선, 자전거도로 조성, 대중교통 발전 등에 힘입어, 도시를 좀 더 안전하고 깨끗하고 접근하기 쉽게 할 수 있도록 지속가능한 교통 시스템 실시를 장려하고 공유토지 이용의 촉진을 모색한다. '완전한 거리 전국연합'National Coalition for Complete Streets에 따르면 이런 거리는 걷고 건너기 쉽게 설계되고 만들어지는 모두를 위한 거리이며, 연령이나

성과 교통 평등을 결합하고 있는 한편, 교통계획 또한 20세기 인프라를 위협하는 광범위한 사회기술적 변화들과 맞서 싸워야만 한다. 기후변화와 관련된 도시재해에 따른 경제적·정치적 격변 가능성을 포함한 안보 문제가 점점 더 부각될 것이며,[19] 모빌리티 빈곤층뿐만 아니라 네트워크 자본이 많은 사람들도 모빌리티 정의에 심각한 영향을 받게 될 것이다. 지속가능성의 정치학에 따라 모빌리티가 할당되거나 비용이 결정되므로 네트워크 자본의 불평등이 더욱 급격하게 완화될 것이다. 지속가능성과 회복력을 향한 전환은 접근성 구분에 있어 더 큰 형평성을 필요로 하며, 모빌리티 정의로의 전환은 더 큰 회복력을 촉진하는 동시에 우리의 운송 시스템에 더 큰 지속가능성을 요구한다. 우리가 이것을 쌍방향 전환으로 빨리 생각하기 시작할수록, 우리는 자동차 모빌리티 종식에 따른 사회적, 정치적 결과를 더 잘 다룰 수 있을 것이다.

능력과 무관하게 모든 이용자(보행자, 자전거 이용자, 운전자, 대중교통 이용자 등)가 안전하게 접근할 수 있도록 했다. (출처: http://www.completestreets.org/completestreets-fundamentals/complete-streets-faq/)

무분별한 도시 확장에 대처하기 위해, 대중교통지향개발TOD은 접근이 편리한 대중교통 허브로부터 모든 곳이 (도보로) 400미터 안에 위치한 기업과 주거지를 결합한 소형 도시 지역의 개발을 지지한다. 이러한 움직임은 입법, 도시 및 계획 정책의 변화로 인해 미국의 많은 도시에서 공공공간이 어떻게 변화하고 있는지에 영향을 미치기 시작하고 있다.

19   Graham (S.), 위의 책, 2009.

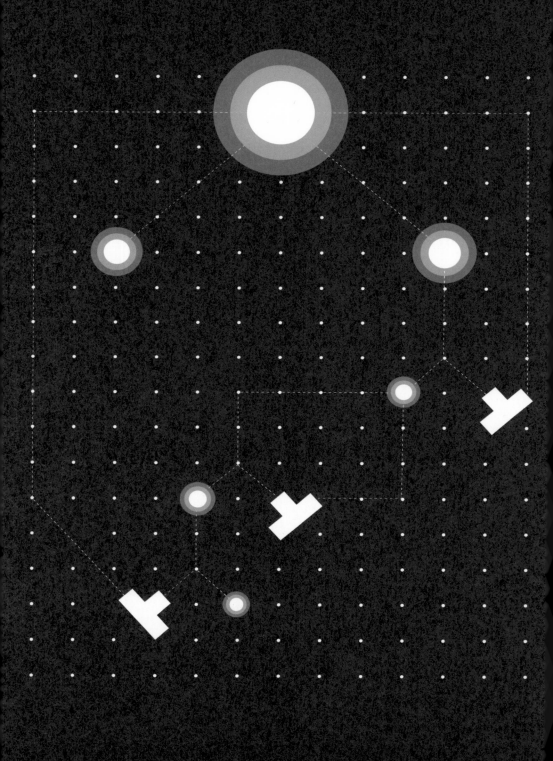

장–마르크 오프너*Jean-Marc Offner* *

마고의 스트랩

모빌리티에 대한 권리와
그것의 적용을 둘러싼
쟁점과 전망

Margaux's Straps
Issues and perspectives
around the right to
mobility and its areas
of application

* a-urba(보드로 메트로폴 아키텐 도시계획국) 사무총장, 프랑스

베란다 창문 위에 '6시'라는 글자가 반짝인다. 비티비Bordeaux Time Board는 고속도로 통행중이 오늘 오전 6시 30분부터 7시까지만 유효하다는 사실을 알려 준다. 쇼핑 가기엔 좀 이른 시간이긴 하지만 옷을 사긴 사야 한다. 친구 카르멘에게 옷 좀 사라는 잔소리까지 들었으니 말이다. 하지만 마고는 혼자 차를 타고 갈 수가 없다. 국영회사에서 렌트한 차가 구식 '압축 공기' 모델이기 때문이다.

마고는 미소 짓는다. 그녀의 아버지는 메트로폴리탄 크로노 매니지먼트 조약 이행과 관련하여 보르도 도시 공동체가 조직한 2019 '예스' 총투표를 위해 싸웠던 활동가였다.[1] 2010년대 초 도시 통근 계획은, 대중교통과 자전거 이용 및 걷기를 강조하는 야심찬 운동이긴 했지만, 인구 증가와 맞지 않는 계획이었다. 업무 지대 주차 공간 감축에 대한 지역 대표들의 반대도 있었고 말이다. 교통체증 때문에 1인당 하루 2회만 이동할 수 있게 되면서 사람들의 모빌리티 수준은 추락했다. 물론 재택근무와 원격 서비스가 늘면서 이동의 감소를 부분적으로 보완해 주었지만 도시 활력은 경제만큼이나 심각한 타격을 받았다. 도심으로 갈 수 없는 주민들은 공동체 생활을 재창조하기 위해 애썼다. 일간지 '수드 오우스트the Sud Ouest'와 '데쿠사the Decaux Corporation'는 팀을 이뤄 '스마트한' 길거리 가구를 비롯한 다양한 지역 서비스를 제공했다. 그런데 바칼란[2] 근린협의회가 가론Garonne교를 하룻밤 동안 폐쇄해 달라고 요청하면서 'SOS 메트로폴리스 운동'이 활기를 띠게 되었다. 앞장선 사람 중에는 시에서 교통권 확대를 명목으로 내세워 투표한 뒤 시행한 무료 대중교통 정책으로 지방세가 3배 증가하자 '장밋빛 도시'를 떠난 과거 툴루즈 주민들이 다수 있었다. 이러한 도시 전체의 서비스 수요에 직면하여, 보르도 도시계획 사무소는 교통수단을 통합하고 인프라 사용을 최적화하기 위한 계획을

---

1 보르도 도시 공동체The Urban Comminity of Bordeaux는 지역사회의 협력을 돕는 공기업이다. UCB
   에는 현재 27개의 코뮌이 속해 있다(즉, 더 큰 보드로를 구성하는 도심과 인근 도시가 포함된다).

2 오래된 항구 지역 바칼란은 보르도 북부에 위치한 동네다.

도입했다. 활동 시간 규제가 제 역할을 톡톡히 했다.

공교롭게도 네트워크에서 마고에게 태우라고 요청한 카풀 신청자 둘 중 한 명은 마고가 아는 사람, 아들 친구의 할아버지인 뱅상이었다. 둘은 각자의 근황에 대해 대화를 나눴다. 이 노신사는 10년 전에 캐나다로 이사 간 후 보지 못한 딸을 만나러 갈 준비를 하고 있다. 드디어 비행 허가를 받을 수 있을 만큼 충분한 모빌리티 포인트가 쌓였다고 한다. 마고는 매일 최소 30분 이상 열심히 걸은 덕에 생명보험회사에서 받은 홍보선물인 크루즈 여행권으로 4개월 동안 세계를 돈 적이 있다. 그때 이국 풍경에 대한 갈증을 채운 뒤 오랫동안 휴가를 가지 않았다. 확실히 빌바오와 보르도대학이 자리한 가론 강변 부두의 분위기는 따뜻한 스페인 느낌이었다. 보르도는 말리의 수도 바마코와 정기적으로 교류한 덕분에 점점 코스모폴리타니즘의 도시가 되고 있었다. 지롱드의 주도인 보드로가 아프리카 문화 확산에 기여하는 거점이 된 것이다.

마고는 2025년의 수해 희생자들을 추모하기 위해 내일 밤 잠수함 기지에서 열리는 콘서트에 출연하는 말리의 뮤지션에 대해 이야기한다. 남극에서의 석유 시추로 석유 고갈은 유예됐지만, 이 끔찍한 사건은 탄소 제로 운동의 영향력을 강화하는 데 많은 기여를 했다. 유럽의 환경부 장관이 유명한 '벨렉Velec' 프로그램을 시작한 것도 이 무렵이었다. 이 프로그램으로 10년 안에 인구의 85퍼센트가 전기자전거를 갖게 되었고, 전기자전거는 일상적 이동의 상당 부분을 담당했다.

마고는 좋아하는 옷 가게에 도착한다. 쇼핑은 여전히 그녀가 가장 좋아하는 취미 중 하나다. 마고는 동생 폴린이 딱하다는 생각이 든다. 동생은 2년 전쯤 Greater Southwest Science Po 3[3]에서 만난 일본인 유학생과 함께 도쿄에서 살게 되었다. 동생과 남자친구는 보르도–툴루즈 간 고속열차 '아시아 시네마' 칸에서 자주 마주치다가 사랑에 빠졌다. 물론 폴린은 IRCA[4]에서 번듯한 직업을 갖고 있지만 중국과 일본 연합이 15년 전에 채택한 업무 조건 속에서 일하느라 힘들어하고 있다. 3일은 사무실에서, 4일은 집에서 보내는 방식이다.

출퇴근 시간을 줄이는 이 급진적 업무 방식은 다른 나라들의 지지를 받았지만, 강제 재택은 많은 스트레스를 야기했다. 폴린의 연구 활동도 이러한 의문을 탐구한다. 그녀는 세계 여러 지역의 다양한 모빌리티 규제 시스템의 사회경제적 효과에 대한 비교 프로그램에 참여하고 있다. 구체적으로 그녀의 팀은 라틴아메리카 연방에 대한 평가를 책임지고 있다. 교육, 의료, 직업, 일상 쇼핑 및 여가 활동, 종교적인 행사를 포함한 기본 서비스BSR에 대한 권리라는 원칙은 처음에 충격적이었다. 이 권리들은 지역 기관들에 의해 헌법적으로 보장되며, 다양한 수송 방법(개인의 이동, 전자 디지털 서비스, 근거리 배달 등)을 낳았

---

3 프랑스(특히 파리, 보르도, 툴르즈)에는 정치대학이 많이 있는데, "Sciences Po."라고 불린다. "Greater Southwest Science Po 3"는 프랑스 서남부에 위치한 정치대학 정도로 생각할 수 있다.

4 물론 가상의 이니셜인데, 예컨대 '고도이동연구소the Institute for Research on Advanced Kinetics' 같은 식의 기관에 속해 있는 곳이다.

다. 그리고 다른 국가의 체계에 따른 매우 불평등한 전략인 사설 서비스 네트워크PSN도 특별한 경우를 위해 마련돼 있었다. PSN의 세금으로 BSR의 혜택을 만들어 내는 방식의 평등화는 무척 흥미로운 것이었다.

마고는 동생의 도쿄살이에 대한 생각을 얼른 지웠다. 화려한 자줏빛 원피스가 눈에 띄었다. 섹시한 스트랩을 위해 캡터captors가 대담하게 배치된 원피스였다. 마고의 눈이 반짝인다. 그녀는 운 좋게도 유엔이 모든 지역화 칩의 피부 이식을 금지하기로 결정한 날 태어났다! 그렇지만 반항적이고 반사회적인 사람으로 보이길 원치 않는다면 캡터 없이 돌아다니는 것은 상상할 수도 없는 일이다. 생각해 보면 21세기 초에도 곧 먼 곳과의 격차가 사라지고 지역이 균질화될 거라고 예측한 사람들이 있었다. '지금 여기'는 정말로 그 권리를 되찾은 것이다.

친구 카르멘은 봄비가 내릴 때 착용할 밝은 초록색 자전거 모자를 구입한다. 그녀는 CM1compétences metropolitaines, level 1[5] 전문 교육 과정을 들으면서 이 색상을 좋아하게 됐다. 까무잡잡했던 강사가 이 색이 그녀의 피부 톤에 정말 잘 어울린다고 해 주었던 것이다. 여기서 모빌리티가 무엇인지 그리고 모빌리티의 분류와 기술에 어떤 것이 있는지를 배웠는데, 키네틱Kinetic 분야의 급격한 발전에 발맞춘 유익

---

5 프랑스의 8~9세 어린이를 대상으로 하는 교육 단계를 가리키는 말인 "cours moyen, niveua 1"에서 따온 단어다.

한 교육이었다.

마고는 다시 차로 돌아와 이동했다. 한참이나 교통체증에 시달려야 했다. 런던 시민들이 일상적으로 겪었던 이 거대한 전기차 정체는 항상 그녀를 놀라게 한다. 영국이 2020년대 초 유럽연합을 탈퇴했을 때, 환경친화적 자유주의 정부는 유통의 자유를 명분으로 자동차 사용에 대한 모든 경제적 장애물과 규제를 없애기로 결정했다. 사실 노벨경제학상 수상자 옌 타오Yen Tao가 이론화한 통신 분야에 적용되는 '제로 규제' 모델의 효과는 분명했다. 기술과 조직이 혁신되었고 놀라울 정도의 사회적 환원도 발생했다. 디지털 격차는 먼 기억일 뿐이었다.

그러나 교통 부문은 이론대로 잘 돌아가지 않았다. 대중교통망이 해체되고 이륜차로 고속도로를 달리는 것은 위험했기에 출퇴근자들은 전적으로 자동차에 의존하게 되었다. 런던의 운전자들은 이동 시간에 이메일을 처리하고 신경 시냅스를 사용했다고 주장하면서 몇 주간 파업을 했고, 결국 이동 시간을 근무 시간으로 계산하는 데 성공했다. 부자들은 태양열로 움직이는 항공 셔틀을 타고 돌아다녔고, 가난한 사람들은 집에 머물렀다.

집이다. 물 한 모금에 알약 세 알을 삼켰다. 마고는 새 스트랩 원피스가 무척 마음에 든다. 이온 샤워기 아래로 뛰어들었다. (이 느낌이 그냥 좋다.) 휴식을 취한 마고는 베란다에 편안하게 앉는다. 스크린이 하늘로 튀어나온다. 〈멀홀랜드 드라이브Mulholland Drive〉를 다시 보고 싶었다. 데이비드 린치David Lynch의 영화는 그녀 세대의 많은 사람들을 사로잡았다. 2023년의 **빅 원**the Big One 이후 로스앤젤레스시는 파괴되었다. 영화에서처럼, 이제 도시란 무질서한 과거의 낡은 상징이다.

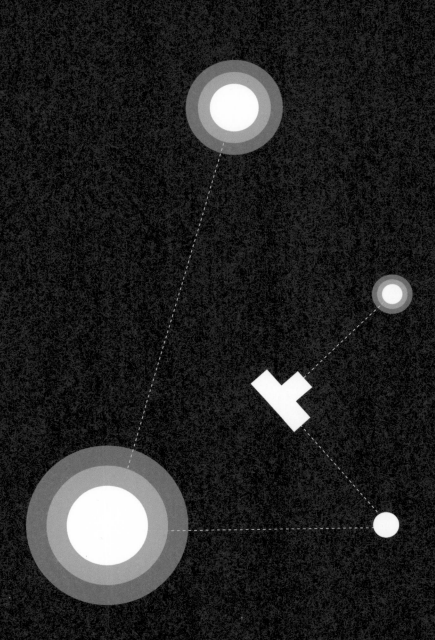

헤이스 몸*Gijs Mom* *

모빌리티의 자유
새로운 모빌리티 연구를 위한 변호

Freedom of
Mobility
A plea for new
mobility studies

* 에인트호번공과대학, 네덜란드

한때 운전자 공화국[1]의 약속과 전제였던 '자유'는 이제 모빌리티 표지물로서의 매력을 잃은 것처럼 보인다. 1960년대 말부터(어떤 면에서는 심지어 그 이전에도) 혼잡, 석유 고갈, 기후변화 문제로 인해 자동차 모빌리티와 자유 개념을 분리시키려는 경향이 생겼다.[2] 이러한 분리는 또 다른 결합을 가능하게 했다. 거의 같은 기간에 자동차는 아

---

1 Seiler (C.), *Republic of Drivers; A Cultural History of Automobility in America*, Chicago/London, The University of Chicago Press, 2008.

2 예컨대 독일 역사에서 중요한 전후의 자동차중심주의에 대한 아이러니한 제목의 다음 책을 참고할 수 있다. Dietmar Klenke, *"Freie Stau fürfreie Bürger;" Die Geschichte der bundesdeutschen Verkehrspolitik 1949 - 1994 [Free Jam for Free Citizens: The History of the Federal German Traffic Policy]*, Darmstadt, Wissenschaftliche Buchgesellschaft, 1995.

이팟iPod 같은 다른 형태의 모바일 미디어와 연결되고 있었기 때문이다. '커뮤니케이션'은 개념적으로 그리고 제도적으로 최소 한 세기 전에 '교통'과 분리되었지만(예를 들어, 일부 남유럽 언어에서 '커뮤니케이션'이 여전히 교통을 포괄하는 것과 마찬가지로, 독일어 'Verkehr'는 두 가지 의미를 모두 포함한다), 몇몇 모빌리티 연구자들은 두 개념의 재결합에 찬성해 왔다.[3]

그러나 자유라는 표지가 자동차 모빌리티와 분리되었다고 해서 다른 형태의 교통수단과 결합된 것은 아니다. 미국 국토안보부는 항공 모빌리티를 국익의 위험 요소로 보고 있으며, 테러와의 전쟁을 선포한 이후 (보트, 버스, 기차로의) 이주 문제는 더욱 예민한 유럽의 어젠다가 되었다.[4] 후자의 경우, 그리고 이주나 노마디즘에 관한 일반적인 연구에서는 고향 상실의 맥락에서 '모빌리티의 자유'가 무엇을 의미하는지 물을 수 있다. 그런데 우선 '정주적 모빌리티'(혹은 고향에서 출발하여 고향으로 돌아오는 순환 모빌리티)를 다른 모든 형태의 이동 행태와 구별해야 하지 않을까? 만약 그렇다면 우리는 그 중요성(그리고 현재의 모빌리티 학문에서의 푸대접)을 강조하기 위해 가정(그리고

---

3 예컨대 다음을 참고할 수 있다. Weber (H.), " Mobile Electronic Media: Mobility History at the Intersection of Transport and Media History," *Transfers; Interdisciplinary Journal of Mobility Studies* 1, no.1, Spring 2011, pp. 27-51.

4 Packer (J.), "Becoming Bombs: Mobilizing Mobility in the War of Terror," *Cultural Studies* 20 No. 4-5, July-September 2006, pp. 378-399, 여기서는 p. 378.

사무실과 쇼핑몰) 안에서의 모빌리티와 다른 형태들을 구분해야 할 것이다. 이러한 가정 등에서 나타나는 '내부적' 보행주의 사례에서 '모빌리티의 자유'를 말하는 것이 유익할까? 우리는 어느새 결국 뱅상 카우프만Vincent Kaufmann의 네 가지 서로 다른 모빌리티 형식과 네 가지 단계의 '자유'에 도달한다.[5]

여기서 나타난 모빌리티의 '위기'는 모빌리티의 실제 발전이라는 측면 하나와, 모빌리티의 현재적 역할과 역사에 대한 연구라는 또 하나의 측면 모두에서 새로운 기회를 제공한다. 그중 한 가지 확실한 것은 자동차 모빌리티에 맞서 대중교통의 역할을 재정립하는 것, 혹은 도시 환경에서 자전거의 명예 회복을 꾀하는 것이다.[6] 마찬가지로 이론 영역에서도 새로운 기회가 모색된다. 최근 '새로운 모빌리티 연구'에 주력하는 전문 저널이 새롭게 출간되면서 고전적 모빌리티 연구, 특히 교통과 모빌리티 역사에 대한 재평가가 이어질 것으로 전망된

---

5 Kaufmann (V.), "Between Social and Spatial Mobilities: The Issue of Social Fluidity," in: Canzler (W.), Kaufmann (V.) and Kesselring (S.) (eds.), *Tracing Mobilities; Towards a Cosmopolitan Perspective*, Aldershot, Ashgate, 2008, pp. 37-55. 이 글에서 카우프만은 공간적 범주(얼마나 멀리 이동하는지)와 시간적 범주(단기적인지 장기적인지)에 따라 모빌리티를 네 가지로 구분한다. 시골 사람의 특징에 해당하는 정주적 모빌리티, 이민자의 특징에 해당하는 재-정착 모빌리티, 여행자/통근자에 해당하는 회귀형 모빌리티, 사업가들에게 해당되는 코스모폴리탄 모빌리티가 그것이다.

6 예컨대 다음과 같은 책을 보라. Stoffers (M.), Oosterhuis (H.) and Cox (P.), "Bicycle History as Transport History: The Cultural Turn," in: Mom (G.), Norton (P.), Clarsen (G.), and Pirie (G.) (eds.), *Mobility in History; Themes in Transport (T2M Yearbook 2011)*, Neuchâtel, Alphil, 2010, pp. 265-274.

다. 새로운 접근 방식을 위한 변호는 다음과 같은 탈중심 형태로 나타날 수 있다.

- 자동차(또는 일반적인 차량)로부터의 탈중심이란 자전거와 보행자 이동을 포함할 뿐만 아니라, 하루 동안 지하철을 타러 걸어가고, 공항철도를 타고, 자전거를 타고 주변을 돌아다니는 이용자의 관점에서 모빌리티를 더 뚜렷하게 볼 수 있게 도와주는 여러 형태의 접근 방식을 촉진할 수 있을 것이다.

- 커뮤니케이션과 인프라 연구를 포함함 교통 자체로부터의 탈중심화는, '쪼개진 도시splintered cities' 속에서 어떻게 '일렉트로폴리스electropolis', '오토시티autocity', '사이버시티cybercity'의 '경관'이 상호 연결되는지를 ('대중교통 도시' 역시 포함하여) 이해하는 데 도움이 될 것이며, 이를 통해 모빌리티 역사와 도시 역사 모두 지금까지 재구성할 수 없었던 방식으로 함께 진화할 것이다.[7] 한 걸음 더 나아가, 현재의 교통과 모빌리티 연구사가 끈질기게 외면해 오던 주제인 환경 연구와의 통합이 이루어질 것이다.[8]

---

7 Graham (S.) and Marvin (S.), *Splintering Urbanism; Networked Infrastructures, Technological Mobilities and the Urban Condition*, London/New York: Routledge, 2001.

8 아직 충분히 연구되지 않은 분야인 해양사에서의 젠더와 환경 연구에 대해서는 다음을 참조할 수 있다. Polónia (A.), "Maritime History: A Gateway to GlobalHistory?" in: Fusaro (M.) and Polónia (A.) (eds.), *Maritime History as Global History*, St. John: Maritime Studies Research Unit, Memorial University of Newfoundland, 2010, pp. 1-20, 여기서는 p. 8. 비슷한 관점에서 육지에서의 모빌

- 국민국가, 심지어 서구로부터의 탈중심화는 초국가적 연구와 대안적 모빌리티 연구(목소리 내지 못하는 사람들의 모빌리티)를 포함시킴으로써 모더니티와 자동차, 혹은 고속 대중교통 사이의 너무나 쉬운 결합에 의문을 제기하게 한다. 서구의 모빌리티가 대개 집단적인 성격을 가지고 있고 동양의 근대화가 서양의 방식과 상당히 달랐음을 염두에 둔다면, 모더니티란 무엇을 의미하는 것일까? 초국가주의적 모빌리티 연구는, 쇼비니즘은 아니더라도 국가의 관점에서 접근하는 관점 뒤에 오랫동안 숨어 있던 하나의 현상(초기부터 나타난 현대 교통의 초국가성과 국제성)에 대한 정의를 보여 줄 것이다.

이런 주제들은 사회과학과 역사학을 아우르는 진정한 학제간 접근이 아니면 연구될 수 없다. 이는 사회과학적 접근 방법에서 역사를 사례 연구로 축소시키는 경향을 멈추게 하고, 역사학의 경험론에 이론을 더하는 데 도움이 될 것이다.[9] 최근 모빌리티 문제에 대한 역사학의 유용성을 재고하려는 노력이 늘고 있다. 1980년대 '공공 역사Public

---

리티에 대한 연구를 보여 준 글은 다음과 같다. Mom (G.), Divall (C.) and Lyth (P.), "Towards a paradigm shift? A decade of transport andmobility history," in, Mom(G.), Pirie (G.) and Tissot (L.) (eds.), *Mobility in History, The State of the Art in the History of Transport, Traffic and Mobility*, Neuchâtel, Alphil, 2009, pp. 13-40.

9   같은 계열의 좀 더 발전된 논의는 다음을 참고할 수 있다. Mom (G.) e.a., "Hop on the bus, Gus", *Transfers* 1 No.1, Spring 2011, pp.1-13.

History'[10] 개념으로 시작된 이 주제는, 네덜란드 교통부에서 2009년과 2010년 초에 50여 명의 학자들이 모이는 세 차례의 국제 워크숍을 조직하기로 결정하면서 힘을 얻었다. 철도의 출현과 트램의 종말, 인터벨룸interbellum[11] 동안의 조정 위기와 도로 건설, 지난 세기 후반의 대규모 동력화와 화물 운송에 이르는 여섯 가지 주제의 전문가인 역사학자와 교통 전문가들이 모인 워크숍이었다.[12]

세 차례의 워크숍 중 하나에서 진행된 역사학자와 교통 전문가들의 브레인스토밍 세션은 그동안 두 분야에서 유지된 관행적 관계를 해체하기 위한 노력으로 '응용 역사Applied History'라는 문구를 도출했다. 놀랍게도 이 용어는 미국의 역사학자 피터 스턴스Peter Straens에 의해 '공공 역사'의 맥락에서 만들어졌고, 1912년까지 '응용 역사'라는 기치 아래 진보적인 역사가들이 사회과학과의 협력을 호소했다. 스턴스도 사회과학과 밀접하게 관련되는 하위 분야를 제시했지만, 결

---

10 (역주) '공공역사'란 전문적 학술 연구의 장 너머에서 이루어지는 공적인 역사 서술의 모든 형식을 일컫는 개념이다. 사회의 다양한 공적 영역에서 수행되는 역사 실천 모두를 가리킨다.

11 (역주) 인터벨룸은 제1차 세계대전과 제2차 세계대전 사이의 시기를 이른다.

12 다음 책의 ""Revisiting the Classics" 장을 참고할 것. Mom, Norton, Clarsen and Pirie (eds.), *Mobility in History*, pp. 43-141. 위트레흐트Utrecht에서 열린 워크숍의 다른 성과는 '이동'transfer 특집으로 출판 예정이다. 여기서 발췌한 영문 출판물은 다음과 같다. Filarski (R.) in cooperation with Mom (G.), *Shaping Transport Policy; Two Centuries of Struggle Between Public and Private – a Comparative Perspective*, The Hague, SDU, 2011.

론은 사회과학의 반역사적인 이론화 없는 통합뿐이었다.[13]

한편, 요크에 있는 국립철도박물관에서 열린 후속 워크숍 기조 발표에서 콜린 디볼Colin Divall은 '유용한 과거Usable Past'라는 문구를 창안해 이른바 '모빌리티의 기술문화사'의 발전을 통해 역사와 정책 사이의 관계를 모색해 보려고 했다.[14] 비슷하게 제네바대학에서도 2011년 11월에 컨퍼런스가 열렸다. 협동의 위기(도로와 철도 사이의 투쟁)에 놓인 역사학자와 사회과학자들을 한자리에 모으는 것을 목표로 한 워크숍으로, 네덜란드 워크숍의 후속편으로 해석될 수도 있지만 주로 철도-도로 논란에 대한 국가적 민감함에 의해 구성된 자리였다.[15]

이러한 발전은 '모빌리티'가 순수하게 기술적인 범주가 아니라 분석적인 범주로 계속 사용될 것이라는 희망을 강화시킨다. 이는 이 책이 요청하고 있는 바와 같이 2030년을 내다보고자 할 때 필요한 개념이다. 이 글은 학제를 어떻게 재편할 것인가의 문제만을 다루었지만, 역사라는 도구를 포함하여 이런 질문에 답할 수 있는 더 나은 도구들을 마련하려 한다면, 나는 급격한 변화를 가져오는 혁명적 주장에 대

---

13 Shambaugh (B.F.), "Editor's Introduction," in *Applied History*, Vol I, Iowa City, The State Historical Society of Iowa, 1912, v-xv; Peter N. Stearns,"Applied History and Social Science," *Social Science History* 6, 1982, pp. 219-226. (인용은 p.220)

14 Divall (C.), "Mobilizing the History of Technology," *Technology and Culture* 51 No. 4, October 2010, pp. 938-960, 여기서는 p. 949.

15 더 자세한 정보는 다음을 참고할 수 있다. http://www.volkskunde.org/wp/?p=732(last consulted 6 March 2011).

해서는 다소 회의적인 입장이다. 지금까지 교통 시스템은, 상당히 빠른 변화(전차)와 느린 변화(말)도 있긴 했지만, 일단 도입되고 나면 매우 탄력적인 것으로 나타났다.[16] 자동차도 같은 운명을 맞이할 것인가? 현재의 전기차 과대광고를 믿는다면 그럴지로 모른다. 그런데 역사를 돌아봤을 때 이전의 주장과 다른 설득력 있는 대안이 나오지 않았다는 사실을 상기해 본다면, 아닐 수도 있다.[17]

만약 내가 나의 미래에 2센트를 걸어야 한다면, 나는 2030년에도 우리가 다른 연료(바이오연료? 수소? 가스에서 추출한 디젤?)를 사용하여 연소 엔진 자동차를 타고 돌아다닐 것이라는 데에 걸겠다. 적어도 유럽에서는 2030년에도 철도와 도로 사이의 계속되는 투쟁에 대처하는 방법을 여전히 찾고 있을 것이다.

---

16 Filarski (with Mom), *Shaping transport policy*; Mom (G.), "Compétition et coexistence. La motorisation des transports terrestres et le lent processus de substitution de la traction équine", *Le Mouvement Social* No. 229, October/ December 2009, pp.13-39.

17 Mom (G.), *The Electric Vehicle; Technology and Expectations in the Automobile Age*, Baltimore, Johns Hopkins University Press, 2004. 좀 더 낙관적인 전망은 다음의 글에서 찾을 수 있다. Kirsch (D.A.), *The Electric Vehicle and the Burden of History*, New Brunswick, New Jersey/London, Rutgers University Press, 2000.

크리스토프 게이*Christophe Gay*, 뱅상 카우프만*Vincent Kaufmann*,
실비 랑드리에브*Sylvie Landrieve*, 스테파니 뱅상 지랑*Stéphanie Vincent-Geslin* *

모바일을 유지하기 위한 모빌리티 혁신

Reinventing
Mobility
in order to
Stay Mobile

* 모바일 라이브스 포럼 출판이사

양극화된 미래

세계적 관점에서 모빌리티에 대한 권리는 매우 비대칭적인 것처럼 보인다. 유럽인들에게 허용된 이동의 자유가 바그다드에서 남부 이탈리아 해안으로 밀려온《바그다드의 율리시스Ulysses from Baghdad》속 불법이민자의 자유와 같지 않다는 점에서 말이다(슈미트Schmitt, 2008).[1]《모바일 임모바일 1》과《모바일 임모바일 2》두 권의 책은 세

1 　(역주) 에릭 엠마누엘 슈미트의《바그다드의 율리시스》는 바그다드를 탈출해 표류하다 영국에서 불법체류자로 살아가는 이라크 청년 사드의 이야기를 그린 소설이다.

계적 차원에서 보느냐 혹은 지역적 차원에서 보느냐에 따라 달라지는 모빌리티 권리라는 개념의 다양성을 보여 준다. 이동의 자유인지 모빌리티 제약인지의 문제, 변화와 유연성 문제, 개발도상국에서 만들어지는 권리와 서구 국가들에서 효과가 발휘된 권리 사이의 문제 등 다양한 것들을 포함한다. 마찬가지로 우리의 시간 지평선도 우리의 관점을 바꾼다. 생태학적 위기를 불러오고 있는 모빌리티 권리는 과연 영구적인 권리인가 일시적인 권리인가. 궁극적으로 이는 재고해 봐야 하는 권리다.

가치로서의 모빌리티

모빌리티에 대한 권리는, 특히 개발도상국의 저자들이 다룬 법적 · 정치적 개념에서부터 구체적인 이동 관행에 이르기까지, 이 책 전반에 걸쳐 상당히 다양한 방식으로 다루어졌다. 그럼에도 불구하고 많은 부분을 하나로 묶어 주는 공통의 실마리가 있다. 개방성, 자유, 나아가 개인과 사회 진보의 상징이라는 모빌리티의 긍정적 함의가 그것이다. 모빌리티는 은연중에 저자들에게 내재된 강력한 사회적 상상력을 발견하게 하고 그것이 어떻게 강화되는지를 말해 준다. 모빌리티 덕분에 개인이 원하는 만큼 자유롭게 만날 수 있고 시간과 공간의 제약 없이 소셜 네트워크를 구축하고 다양한 기회를 잡을 수도 있다. 지리적 공간이 네트워크로 조직되는 이 개념에 의해, 개인들은 공간적으로 자유롭게 이동하고 사회적으로도 이동한다. 사람들의 물리적 모빌리티를 돕는 것은 그들의 발전을 돕는 것을 의미한다. 모빌리티에 대한 이 같은 규범적 관점은 진보의 개념을 강하게 믿는 서구 사회에 만연해 있다. 직업적으로나 일상생활에서나 자신의 고유성을 유지하고 싶다면 개인들은 이동해야만 한다. 이런 담론은 제한 없이 모빌리티를 취할 수 있는 개인들만이 남들이 부러워할 만한 사회적 지위를 차지할 가능성이 있다는 것을 암시한다. 지배적인 모빌리티 이데올로기의 특징은 물리적 공간과 사회적 공간 사이에 평행선을 그어서 공간적 모빌리티를 사회적 유동성과 융합시켜, 어떠한 집단적 제약(자마르와 라노이)도 부정한다는 점이다. 과거 유럽과 미국에서 일어났던 것과 마찬가지로, 남북 간 빈부 격차가 있는 국가들에서도 이동이 사회 통합의 전제 조건이 된다. 모빌리티에 대한 이 규범적 관점에 따르면 공간적 모빌리티에 접근할 수 있다는 것만으로도 사회적 계층 구조 안에서 공정한 분배가 보장되며, 단순히 접근성을 높이는 것만으로도 사회적 지위 싸움의 논쟁에서 벗어나기에 충분하다. 이러한 모빌리티 규범은 매우 강력해서 심지어 건축에도 영향을 미친다. 비상 사태가 발생했을 때 이동식 주택을 보급해 물리적 모빌리티를 지원하는 방식으로 말이다(예컨대, 2005년 뉴올리언즈를 강타한 허리케인 카트리나가 지나간 뒤 미시시피 강변에 세웠던 분홍색 텐트를 들수 있다). 이러한 작업은 모빌리티에 대한 권리를 촉진하는 일이 긴장

감과 모순을 수반한다는 점을 보여 준다.

모빌리티에 대한 권리:
경제적 성과와 정치적 주권 사이

국가는 더 빠르고 더 많은 이동을 가능하게 하는 이상적 인프라를 더 많이 제공할 것을 계속 요청받고 있다. 오늘날 개발도상국들은 선진국의 인프라를 따라잡기 위해 애쓰고 있다(보카레호, 두치, 에차노브Matias Echanove, 스리바스타바Rahul Srivastava, 저우). 멕시코의 고속도로 중층화 건설 사례를 고려하고 있는 것이다(보카레호). 이러한 개발 모델은 인프라의 급속한 포화 문제에 직면해 있다. 그리고 선진국의 공공 자금 한계 문제는 모든 종류의 도시개발 프로젝트와 계속적인 속도 향상 추구를 억제할 것으로 전망된다(크로제). 지안 저우의 글은 한편으로는 강력한 경제 성과를 추구하는 중국 곳곳의 인프라 개발과, 다른 한편으로는 전통적인 호구 제도를 통해 이주 인구에 대한 지배력을 유지하려는 정치적 욕망 사이에 존재하는 긴장감을 드러낸다. 장 비야르가 상기시키듯, 모빌리티에 대한 권리와 민주국가의 특권인 정치적 자유 사이에는 밀접한 관계가 있다. 줄리앤 보드로는 모빌리티에 대한 권리가 미국 국가 건설에 기여했으며, 사회적 계층 구조의 밑바닥 사람들(예를 들어, 젊은이들과 이주여성들)이 정치적 행위자로 자리매김

할 수 있도록 도왔다고 덧붙인다. 그리고 이 개념을 국제이주 문제로 확장하게 되면 세계시민권과 국민주권의 이행에 대한 문제 제기로 연결된다(비톨 드 뱅당Wihtol de Wenden). 마찬가지로 우리는 모든 형태의 이동이 가치가 있는 것은 아니라는 것도 배운다. 가치가 있는 것은 돌이킬 수 있는 형태의 것이다. 국제이주(자마르, 라노이, 비톨 드 뱅당)처럼 정착지에서 뿌리 뽑히고 재정착하는 것과는 관련되지 않는다.

경제적 세계화에 발맞춘 성과를 추구하다 보니 물리적이든 가상적이든 관계에 있어 신속한 연결이 발달하게 된다. 이런 전개는 지리적으로 가까운 곳에서까지 지역을 분할하는 결과를 초래한다. 지역을 계층적으로 구분하는 구성은 공적 공간의 분열과 사회적 분열로 이어져 공간 접근성의 불평등을 낳고 잠재적으로는 더불어 살아갈 수 있는 가능성에 의문을 품게 만든다(레비, 몽쟁, 어리). 이런 결과는 에차노브와 스리바스타바의 작업에서 나타났듯이 자가용이 있는 인구의 2퍼센트를 위해 뭄바이 중심에 고속도로를 만든 사례에서 드러난다. 레비, 몸, 셸러 등 많은 저자들은 민영화된 지역의 양산, 무질서하게 펼쳐지고 혼잡한 도시, 모빌리티 접근성에서 나타나는 엄청난 불평등에 있어 자동차 모빌리티 시스템의 역할을 지적한다. 이는 시민을 대상으로 한 대중교통, 보행, 자전거, 대안적 자동차 사용이 보여 주는 지속가능하고 평등주의적인 지표와 대비된다. 고성능 모빌리티에 대한 탐구는 모두를 위한 모빌리티에 대한 권리를 희생하면서 일어나는 것처럼 보인다.

모두를 위한 모빌리티와 불평등

모빌리티에 대한 권리 문제는 접근성의 문제로 되돌아오는 경우가 많다. 교통, 특히 고속 교통에 접근하지 못하면 기회, 서비스 및 소셜 네트워크에 대한 접근이 제한되므로 사회적 소외 현상(즉, 경제적, 정치적, 사회적 삶에 대한 참여가 가로막히는 과정)을 낳는다. 이러한 관점에서 요금 정책, 배차 간격, 공공 공간(예컨대 통합적으로 개발되어야 하는 기차역)의 질에 따라 인구와 장소 간 모빌리티 접근성에 불평등이 야기된다(퐁쟁). 여기서 우리는 도시 근교에서 논의된 지역 배분 현상을 발견한다. 이에 따르면, 서민 중 상당수는 그들이 사는 곳이 아닌 다른 곳에 살기를 희망하는데, 이러한 결과는 가난한 가구가 일상 활동을 자동차에 의존한다는 결과로 수렴된다. 그러나 문제는 어떤 지역에 시설이 있는지, 그래서 그 시설들이 기회를 제공하는지에만 달린 게 아니다. 개인의 건설적 사용 문제도 포함된다. 남부 저개발 국가들에서는 교통 및 통신 수단에 대한 접근성과 그 사용 사이에 높은 상관관계가 있다(보카레호와 두치). 차를 살 여유가 있는 사람들만이 차를 사서 활용한다. 이동 관행은 사회 집단에 의해 결정된다. 반면 북부 선진국에서는 이 관계가 약하다. 이동 속도의 증가는 임계점에 도달했지만 자유시간과 소비 기회는 계속 증가하고 있다. 이로 인해 전례 없이 **빡빡한 일정으로** 활동해야 하고(크로제와 비아르) 끊임없는 이동 속에서 교통수단이 교차하고 사회성이 잠재적으로 붕괴되는(케

^{설링)} 일종의 혼란스러운 세상이 되었다. 오늘날 속도, 자동차, 장거리는 더 이상 이동하는 데 있어 일방적으로 중요한 요소로 평가되지 않는다. 근접성, 감속, 느린 속도, 심지어 정주성에 대한 탐구는 사회적, 문화적 자본을 많이 가진 개인들 사이에서 점점 각광받는 경향을 보인다. 이는 빠른 교통 시스템에 대한 접근이 사회 통합을 위해 중요한 것도 사실이지만, 사회적인 개인들은 이를 잘 사용하지 않는다는 역설을 설명할 수 있다(케설링, 쉐레Scherrer). 어느 경우든 취약한 지역에서 대중교통을 이용하기 쉽게 만드는 것만으로는 충분하지 않다. 이동은 단기적 혹은 장기적 활동을 조직하기 위해 일정을 조율하고 즉흥적으로 이동하는 능력과 같은 기술(오르푀이Orfeuil)을 요구한다. 또한 사회적 불평등 때문에 이동 계획을 실현하는 것이 어려워진다. 동네를 빠져나가는 것은 쉬운 일이다. 하지만 이용할 수 있는 이동 수단이 있고 이 수단이 저렴하고 효과적이라 할지라도 대체 어디로 가야 할까? 그리고 어떻게 해야 할까? 무엇을 만족시키고 싶은가? 빈곤층에 대한 수많은 조사는 특정 개인이 이웃을 벗어나 이동과 관련된 프로젝트나 활동에 참여하기 어렵다는 것을 보여 준다. 다시 말하지만, 이동 관행과 그것과 연관된 불평등이 도시 공간의 물질성에 매우 많이 구현되어 있다는 것을 주목할 필요가 있다(두치, 에차노브, 스리바스타바, 셸러). 개인은 사회적·직업적 범주, 생활수준에 따라 각기 다른 방식으로 움직인다. 그들은 (자발적으로든 아니든) 같은 공간에서 움직이지 않으며, 소비나 여가를 위해 같은 장소를 자주 이용하지도 않는다. 특

히 남부 저개발 국가들에서는 모빌리티 관행이 사회 계층화, 생활양식 형성, 사람들의 생활 방식과 이동 방식, 공간 사용 방식에 영향을 미치는 규범 생성에 기반하여 도시 지역을 건설(구축)하고 있다. 북부 선진국의 경험을 다룬 글에서도 역시 사회계층화와 생활양식 사이의 강한 연관성을 강조하고 있으며, 모빌리티는 그 자체로 사회 통합을 위한 자원으로서 여기에서 중심적인 역할을 하고 있음을 시사한다. 이는 사회경제적 지위나 응답자의 교육 수준과 같은 엄밀한 요소가 아니라, 오히려 반대로 사회적 지위를 정의하는 윤곽이다(케설링, 레비, 오프너, 세레).

　모빌리티에 대한 권리 문제는 사회 공간적 불평등의 관점에서 전 세계에 걸쳐 제기되지만, 새로운 요인이 저울을 뒤집을 가능성이 있다. 바로 에너지 위기다.

지구온난화와 에너지 고갈은 모빌리티에 대한 권리를 문제 삼을 것인가?

다가올 화석연료 고갈에 직면하여 모빌리티를 규제하는 수단은 아직 고안되지 않았다(셸러, 어리). 대중교통으로의 전환? 대중교통이 이러한 추가 유입을 감당할 수 있을까? 이것이 우리가 알고 있는 자동차와 비행기 이동의 종말과 교통수단의 공동 사용에 있어 더 큰 발전을 의미할까? 새로운 정보통신기술이 부분적이든 전체적이든 실제 이동을 대체할까? 모빌리티 상실을 피할 수 있을까? 그렇지 않다면 이는 합의해야 하는 문제인가, 아니면 강제(또는 최소한 규제)해야 문제인가? 이 '필요한' 제한은 누구에게 그리고 어떤 조건에서 지시되나? 우리는 계속 자유롭게 움직일 수 있는가? 우리는 '책임 있는 모빌리티'를 만드는 데 성공할까? 몇몇 글은 자유로운 이동이 엄격히 규제되는 다소 비관적인 세계를 이야기한다. 장 비야르는 환경적 전환점이 우리의 민주적 모빌리티의 미래에 던지는 위협을 소개한다. 환경을 보호하고 에너지를 절약하기 위해 이동의 자유가 제한될 필요는 없을까? 이 경우 개발도상국은 온갖 종류의 인프라 개발 정책을 재정의하고 비판적으로 재검토해야만 할 것이다. 먼 거리를 빠르게 이동하는 것은 (누군가는 해마다 전 세계를 여러 번 여행한다) 예컨대 개인 헬리콥터를 가질 수 있는(보카레호) 몇몇 엘리트들의 특권이 될 것이다(케설링, 오프너, 쉐레). 미미 셸러가 지적한 바와 같이 생태적 전환은 가난한 사람들의 모빌리티와 관련해서도 갈등을 빚지 않을 수 없을 것이다. 예컨대 장 마르크 오프너와 장 피에르 오르퓌유 등은 좀 더 낙관적인 어조로 모빌리티의 필수 규제는 국제적이고 국가적인 거버넌스의 개발(주당 며칠은 집에 머물러야 하는 의무인 '모빌리티 포인트'제 확립), 교통수단 관리(모든 사람을 위한 기본 모빌리티 서비스 제공, 모빌리티 '추가' 제공 유료화, 모빌리티 측정을 위한 개별 캡터 설치 등), 우리의 기본적 자유를 훼손하지 않는 선에서 부과되는 교통세와 요금제의 상호작용과 결합된다고 말한다. 이런 관점에서 교통수단의 선택은 어느정도 부차적인 문제가 된다. 모빌리티의 미래에는 전기차나 대중교통에만 국한되지 않은 다양한 양식이 포함될 것이다(몸, 오르피유). 물리적 이동을 줄여 주는 열쇠는 이동과 모빌리티 사이의 연결 고리를 개발하는 데 있을 수 있으며—이 책에서는 많이 다뤄지진 않은 주제이다—어떤 면에서는 열려 있다. 사회학자들은 전통적으로 모빌리티를 사회 현상으로 간주했으며 무엇보다 국가, 기능 또는 지위의 변화와 동의어로 취급했다. 공간적 이동과 사회적 변화를 통한 이동을 구별하고, 기성의 이동과 잠재적 이동을 구별할 수 있게 함으로써, 엄격하게 물리적 이동으로 간주되는 모빌리티에 대한 아이디어를 제공한다(카우프만, 2008). 역사적으로 이동이란 뿌리 뽑히고, 미지의 땅을 발견해 풍요를 찾고, 심지어 실존적 변혁의 경험을 살아 내는 것을 의미했다. 오늘날 우리가 경험하는 이동의 대부분은 더이상 이런 거창한 효과를 가져오지 않는다. 다양한 통신수단을 통해 가능해진 속도는 새로운 유형의 주거 정주성도 낳았다. 오늘날 우리는 다름과 변화라는 측면에서 지리적 거리와 사회적 거리 사이의 급격한 단절을 목격하고 있다. 세계는 전 지구적으로 연결되었는데 지구 반대편에서 휴가를 보낸다는 것이 무슨 의미일까? 우리는 이미 먼 곳의 무수한 이미지와 표현을 확인했고, 결론적으로 대부분의 휴양지는 세계 어디에 있든 상관없이 서로 닮아 보인다. 반면에 거의 이동하지 않으면서 차이, 다름, 풍경의 변화를 경험하는 것도 가능하다. 집에 머물면서 책,

텔레비전, 인터넷을 통해 가상으로 이동하거나 집 가까운 낯선 장소를 여행하는 것이다. 이 같은 사회적 거리와 지리적 거리 사이의 분리는 세계의 상호 연결성과 세계화 그리고 역설적으로 사회 관습과 생활 방식의 다양성으로 인한 도시 공간의 분열을 증명한다. 미래 가능성에 대한 또 다른, 더욱 급진적인 개념은 프랑크 쉐레에 의해 유머러스하게 환기된 **임모빌리티**에 대한 권리다. 에차노브와 스리바스타바가 뭄바이 중심부에 다시 만들어진 전통적인 인도 마을의 모델에 다시 한 번 주목하면서 시사한 것도 이 점이다. 그렇게 함으로써 커서는 움직인다; 모빌리티는 더이상 정책의 조정 변수인 해결책이 아니라 인간 활동의 공간 조직에 미치는 효과다. 현재 프랑스 교통법규가 모빌리티를 계획 및 개발과 연결짓는 것도(오르푀유) 바로 이러한 방향에서다. 이러한 조건에서 어떻게 '다른 곳'에 대한 열망, 즉 문화적·사회적·지리적 '다름'에 대한 갈망을 계속 충족시킬 수 있을까? 모빌리티와 이동은 동의어가 아니며, 오늘날처럼 줄어든 적도 없었다. 일상적으로 또는 삶의 과정에서 우리가 만드는 역할, 상태 및 기능의 변화는 더 이상 물리적 이동의 영향을 받지 않으며 정보통신기술 덕분에 적어도 부분적으로는 달성할 수 있다(케설링, 오프너, 셀러). 물론 원주민처럼 여행을 꿈꾸며 만족하는 법을 배울 수 있다.

모빌리티 혁신

우리는 이 책의 성찰들에 힘입어, 모빌리티가 공간적으로 나타난다고 보거나 모빌리티를 자유 및 개인성과 동의어라고 여기는 기존의 지배적인 모빌리티 개념을 넘어설 수 있다. 또한 모빌리티가 가치와 재현의 세계만큼이나 실천의 세계에서 기인하는 것임을 인식하게 된다. 세계는 변화할 수 있다. 헤이스 몸의 작업은 예측을 신중해야 한다는 사실을 우리에게 알려주며 역사적 관점에서 모빌리티 시스템의 지속성을 상기시킨다. 하지만 존 어리는 에너지 위기가 이를 재고할 수밖에 없게 만들 것이라 확신한다. 2030년의 모빌리티에 대한 권리는 경제적 성과, 사회적 불평등의 억제, 민주적 자유의 수호를 동시에 결합하는 것을 목표로 해야만 한다. 모빌리티를 재창조할 수 있는 절호의 기회다. 새로운 이동 방법을 상상하고 규제를 시행하며 모빌리티와 이동의 관계를 다시 생각해 보아야 한다(카우프만, 2008).

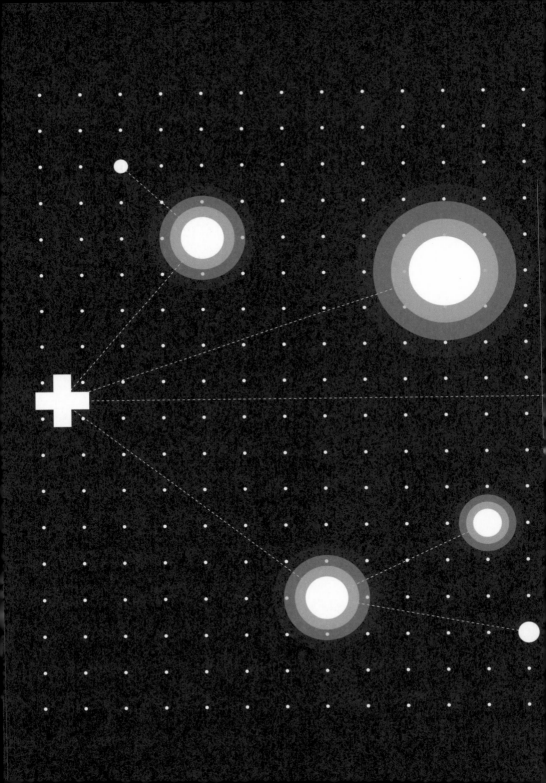

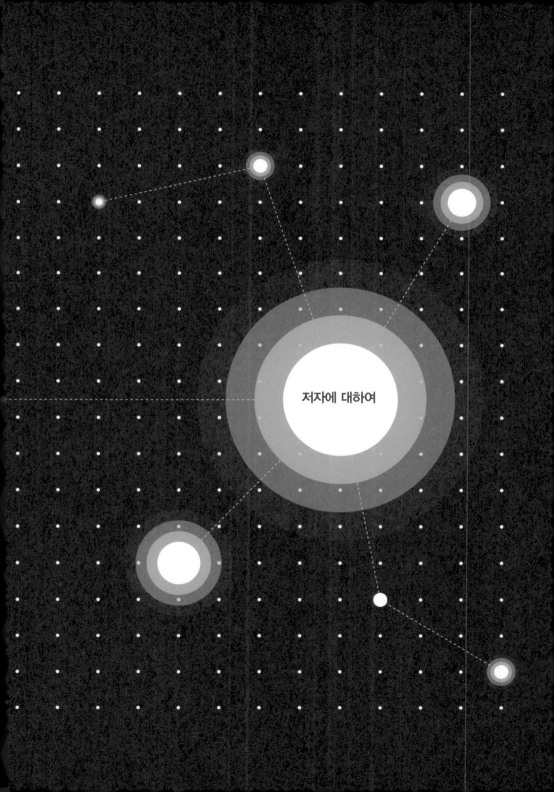
저자에 대하여

마리아 엘레나 두치|Maria Elena Ducci(칠레, 1948)는 칠레 가톨릭대학교에서 건축학 학위를 받았고 멕시코 국립자치대학교UNAM에서 도시학 석사학위와 박사학위를 받았다. 멕시코 UNAM 건축학교(1976~1989), 칠레 가톨릭대학교(1990), UNUBNUniversidad Andres Bello(2009)에서 연구원으로로 근무했다. 주 연구 분야는 도시개발, 빈곤, 주택, 공공시장, 이주, 환경 문제다. 워싱턴 DC의 우드로윌슨국제학술센터WWCIS와 시카고대학교 라틴아메리카 프로그램(1995~2003)에서 연구원으로 일했다. 여러 정부 부처 및 지방정부 기관과의 협업에 참여했으며, 삶의 질 향상을 목표로 하는 수많은 시책에 참여하는 여러 시민단체들과도 협력하여 공식, 민간, 자선 부문 간의 관계와 이해의 발전을 도모하고 있다.

크리스토프 게이|Christophe Gay(프랑스, 1961)는 실비 랑드리에브와 함께 모바일 라이브스 포럼을 운영하고 있다. 프랑스 도시 및 주요 기관의 이미지 개선 작업을 진행한 뒤 프랑스 국영철도에 합류했다. 여기서 지방급행열차Transport Express Régional의 교통을 담당했고, 이후 연구와 전략기획을 담당했다. 국제사법私法(파리11대학, 캔터베리의 켄트대학), 정치학(파리1대학), 심리학(파리10대학) 등 다학제적 배경을 갖고 있다.

다비드 자마르David Jamar(벨기에, 1977)는 인류학자이며 브뤼셀자유대학과 파리 사회과학고등연구원 연구원이다. 박사논문 〈브뤼셀 도시 틈새 공간에 대한 정치적 문화기술지Ethnographie politique des interstraces a Bruxelles〉는 도시를 핵심 자원으로 삼는 '창조적 문화' 집단의 출현과 행동 체계를 설명하고 있다. 이러한 행동양식은 정치적 관점에서 지역, 모빌리티, 부랑자 개념에 의문을 제기한다.

뱅상 카우프만_Vincent Kaufman_(스위스, 1969)은 로잔공과대학 도시사회학 및 모빌리티 연구 전공 교수다. 로잔공과대학 '도시사회학연구소laboratory of urban sociology' 책임자이자, 이 대학 '교통연구소center for transportation research' 공동 연구소장이기도 하다. 제네바대학에서 석사학위를 취득한 뒤, 로잔공과대학에서 양식적 실천modal practice의 기저 행동 논리에 대한 연구로 박사학위를 받았다. 랭커스터대학(2000), 국립교량학교École des Ponts(2001~2002), 루뱅가톨릭대학 등의 초빙연구원을 역임했다. 근대사회와 그 환경이 경험한 변화와 관련해서 모빌리티 문제를 연구하고 있다. 저서로《모빌리티의 역설Les Paradoxes de la Mobilité》(Presses Polytechniques et Universitaires Romandes, 2008)과《도시를 다시 생각하기Re-thinking the City》(Routledge, 2011) 등이 있다.

실비 랑드리에브_Sylvie Landrière_(프랑스, 1962)는 크리스토프 게이와 함께 모바일 라이브스 포럼을 운영하고 있다. 이전에는 BNP 리얼 에스테이트의 부동산 및 도시 프로젝트 책임자를, 그 후에는 프랑스국영철도에서 프로젝트 책임자를 역임했다. 파리1대학에서 역사학, 지리학, 지도학 등을 공부한 뒤 파리정치대학Sciences-Po in Paris에서 개발, 도시계획, 지역 개발 등을 연구하여 석사학위를 받았다. 공공정책 경영(파리10대학)으로 연구석사학위를 취득했으며 토지연구학술위원회Études Foncières scientific council 회원이다.

피에르 라노이|*Pierre Lannoy*(벨기에, 1972)는 브뤼셀자유대학의 강사이자 사회학자다. 일상적인 이동 행태와 교통 체계의 계보, 특히 자동차에 관한 연구를 수행하고 있다. AISLFthe Association Internationale des Sociologues de Langue Française '공간적 모빌리티, 사회적 유동성' 그룹의 일원으로서 최근에 도전적 모빌리티에 관한 국제 컬로퀴엄을 조직했는데, 도시 연구저널 *Articulo*(2011)에 그 과정이 수록돼 있다.

자크 레비|*Jacques Lévy*(프랑스, 1952)는 지리학자이자 도시학자이며 로잔연방공과대학EPRL 교수다. 관심 분야는 공간이론, 도시론, 도시성과 정치의 지리학, 세계화, 지도학, 사회과학의 인식론 등이다. 전자저널 EspacesTemps.net의 공동편집자기도 하다. 수많은 저작 중의 일부는 다음과 같다. *Géographies du politique*(1991), *Le monde: espaces et systèmes*(1992), *L'espace légitime*(1994), *Egogéographies*(1995), *Le monde pour Cité*(1996), *Europe: une géographie*(1997, new edition 2011), *Le tournant géographique*(1999), *Logiques de l'espace, esprit des lieux*(2000), *From Geopolitics to Global Politics*(2001), *Dictionnaire de la géographie et de l'espace des sociétés*(2003), *La carte: enjeu contemporain*(2004), *Les sens du mouvement*(2005), *Milton Santos: philosophe du mondial, citoyen du local*(2007), *L'invention du Monde*(2008), *The City*(2008), *Échelles de l'habiter*(2008), *Le sfide cartografiche*(2010).

헤이스 몸|*Gijs Mom*(네덜란드, 1949)은 에인트호번공과대학 부교수이며

'모빌리티 히스토리' 프로그램 담당 이사다. 유럽 모빌리티 센터ECMD: the European Center for Mobility Documentation의 창립자이며, 2003년 11월 국제 수송 · 교통 · 모빌리티역사협회T2M를 공동 창립하였다. 2004년 *The Electric Vehicle: Technology and Expectations in the Automobile Age* 을 존스홉킨스 대학 출판부에서 간행했는데, 이 책으로 2004 ASME 엔지니어-역사학가 어워드, 자동차역사학자협회의 베스트북 상을 받았다. 주요 저작은 다음과 같다. "Decentering highways; European national road network planning from a transnational perspective", in Hans-Liudger Dienel and Hans-Ulrich Schiedt (eds.), *Die moderne Strasse; Planung, Bau und Verkehr vom 18. bis zum 20. Jahrhundert* (Frankfurt am Main, Campus Verlag, 2010) 77-100, and "Inventer et établir l'Histoire de la mobilité; aux origines d'un changement de paradigme", in Mathieu Flonneau and Vincent Guigueno (eds.), *De l'histoire des transports à l'histoire de la mobilité? Etat des lieux, enjeux et perspectives de recherche* (Rennes, Presses Universitaires de Rennes, 2009).

장 마르크 오프너*Jean-Marc Offner*(프랑스, 1953)는 도시계획 엔지니어이자 정치학자다. 현재 보드로 도시계획국 사무총장을 맡고 있다. 1996년부터 2008년까지 파리정치대학에서 가르치며 연구팀을 이끌었다.《플럭스Flux》,《메트로폴리스Métropolis》,《어버니즘Urbanisme》의 편집위원이고, 프레드릭 질리Frédéric Gilli와 함께 파리 *métropole hors les murs*(Sciences Po Press, 2009)의 편집위원이다.

미미 셀러*Mimi Sheller*(미국, 1967)는 드렉셀대학의 '새로운 모빌리티 연구 및 정책센터'의 센터장이자 사회학 교수이다. 랭커스터대학 모빌리티연구센터의 공동 책임자이자 《모빌리티Mobilities》 저널 공동 편집자였고, 현재 선임연구원이다. 하버드대학 사회연구 뉴스쿨the New School for Social Research에서 석사와 박사학위를 받았다. 저서로는 *Consuming the Caribbean*(2003), *Democracy After Slavery*(2000), *Citizenship from Below*(Duke University Press), 존 어리와 공동 편집한 책 *Mobile Technologies of the City*(Routledge, 2006), *Tourism Mobilities*(Routledge, 2004), 그리고 *Environment and Planning A*의 모빌리티와 물질성에 대한 특별호가 있다. 프린스턴대학 데이비스센터에서 역사학 연구 방문교수(2008~2009), 몬트리올 맥길대학에서 미디어 연구(2008), 덴마크 알보그대학 모빌리티와 도시연구센터(2009), 펜실베이니아대학 Penn Humanities Forum 참여(2010~2011) 등의 경력이 있다.

존 어리*John Urry*(영국, 1946)는 케임브리지대학에서 석사(경제학), 박사(사회학) 학위를 받았다. 랭커스터대학 모빌리티연구센터 소장을 역임했다. *International Library of Sociology*(Routledge) 편집자, 《모빌리티Mobilities》 공동 편집자, 유럽 연구위원회 회원으로 일하며 약 40권의 책과 특집호를 출간했다. 저서로 *Automobilities*(Sage, 2005), *Mobilities, Networks, Geographies*(Ashgate, 2006), *Mobilities*(Polity, 2007), *Aeromobilities*(Routledge, 2009), *After the Car*(Polity, 2009), *Mobile Lives*(Routledge, 2010), *Mobile Methods*(Routledge, 2011), *The Tourist Gaze 3.0*(Sage, 2011), *Cities and Fascination*(2011), *Climate Change and Society*(Polity, 2011) 등이 있다.

장 비야르 Jean Viard(프랑스, 1949)는 파리정치대학 정치연구센터인 CEVIPOF의 연구이사이며 사회학자다. 오브Aube출판사 이사이며 마르세유 프로방스의 도시공동체 선출회원이다. 모빌리티, 자유 시간, 지역 문제 등을 주로 다루고 있으며, *Éloge de la mobilité*(Aube, 2006)를 비롯한 수많은 저서가 있다.

스테파니 뱅상 지랑 Stéphanie Vincent-Geslin(프랑스, 1981)은 파리-데카르트대학에서 사회학 박사학위를 받았다. 현재 스위스 로잔공과대학 도시사회학연구소LaSUR 연구원이자 모바일 라이브스 포럼의 학술기획 책임자다. 모빌리티 행동 전문가로서 저술한 박사학위 논문은 2009년 도시논문상을 수상했고,《대안모빌리티Altermobilités: mode d'emploi, déterminants et usages de mobilités alternatives au tout voiture》로 출판되었다. 장거리 통근자와 장기간 통근자의 등장에 관한 연구를 통해 그들의 관행과 그것이 사회적 관계, 가족, 도시 등에 미치는 영향에 대한 더 나은 이해를 시도하고 있다.

지안 저우 Jian Zhuo(중국, 1970)는 퉁지대학교(상하이) 건축도시계획학부 부교수 겸 *the Revue d'urbanisme*의 중국 특파원이다. 2000년과 2001년에 '프랑스 내 중국 건축가 150명' 프로그램에 참여했다. 마흔느 라 발레Marne-la-Vallée에 있는 국립건축학교에서 건축사 학위DPLG를 받은 뒤, LATTSthe l'École nationale des Ponts et Chaussées's Laboratoire Techniques, territories et sociétés에서 도시 모빌리티 분야에 대한 연구에 착수했다. 2007년 도시계획 분야 박사학위를 받았다. 2008년부터 중국에 기반을 주고 중국과 유럽의 학문 교류에 적극 기여하고 있으며, 도시계획과 교통의 조화에 초점을 맞추어 연구하고 있다.

모바일 라이브스 포럼은 프랑스 국영철도의 지원으로 2011년 창립한 모빌리티 관련 독립 연구 및 교류 기관이다. 사회학자 뱅상 카우프만의 학문적 지도 아래 모빌리티를 물리적 운동이자 사회적 변화로서 연구하고 있다. 이 포럼의 목표는 모빌리티적 생활 방식의 변화를 이해하기 위한 수단을 제공하는 것, 그리고 그런 변화를 준비하고 또 그에 영향을 미치는 것이다.

모바일 라이브스 포럼은 모빌리티 이행을 준비한다. 오늘날 생활 방식은 자유의 원천이지만 피로와 소외의 원천이기도 하다. 기후변화, 석유의 고갈과 비용 증가, 도시의 혼잡과 공해 등은 물리적 이동, 전기통신, 우리의 활동 간 균형에 영향을 미치고 있고 또 점차 영향을 미치게 될 것이다.

모바일 라이브스 포럼은 이런 균형에 대해 다시 생각해 보고, 미래에 좋은 모빌리티적 삶이란 과연 어떤 것인지 탐구한다. 개인과 사회 모두의 측면에서 말이다. 그럼으로써 개인, 사업, 정부 등의 수준에서 변화를 촉발할 수 있는 지렛대를 찾아보려고 한다.

모바일/임모바일 2

2021년 1월 29일 초판 1쇄 발행

지은이 | 크리스토프 게이 · 뱅상 카우프만 · 실비 랑드리에브 · 스테파니 뱅상 지랑
옮긴이 | 김나현
펴낸이 | 노경인 · 김주영

펴낸곳 | 도서출판 앨피
출판등록 | 2004년 11월 23일 제2011-000087호
주소 | 우)07275 서울시 영등포구 영등포로 5길 19(양평동 2가, 동아프라임밸리) 1202-1호
전화 | 02-336-2776 팩스 | 0505-115-0525
블로그 | bolg.naver.com/lpbook12
전자우편 | lpbook12@naver.com

ISBN 979-11-90901-13-0